EASY READER SERIES

Easy *French*
Reader

EASY READER SERIES

Easy *French* Reader

A Three-Part Text for Beginning Students

R. de Roussy de Sales

Premium Third Edition

Mc
Graw
Hill
Education

New York Chicago San Francisco Athens London Madrid
Mexico City Milan New Delhi Singapore Sydney Toronto

1 2 3 4 5 6 7 8 9 10 QFR/QFR 1 2 1 0 9 8 7 6 5

ISBN   978-0-07-185017-9
MHID   0-07-185017-1

e-ISBN   978-0-07-185018-6
e-MHID   0-07-185018-X

Photo credits: p. 1, Larry Hamill; p. 65, PhotoDisc; p. 134, 138 Bettman/CORBIS; p. 142, Yann Arthus-Bertrand/CORBIS; p. 144, © Owen Franken/CORBIS, © John van Hasselt/CORBIS; p. 151, PhotoDisc.

McGraw-Hill Education products are available at special quantity discounts to use as premiums and sales promotions or for use in corporate training programs. To contact a representative, please visit the Contact Us pages at www.mhprofessional.com.

McGraw-Hill Education Language Lab App
Extensive audio recordings (requiring Internet connection), flashcards, and a digital glossary are all available to support your study of this book. Go to www.mhlanguagelab.com to access the online version of this application, or to locate links to the mobile app for iOS and Android devices. More details about the features of the app are available on the inside front and back covers.

Other titles in this series:
Gaafar & Wightwick / *Easy Arabic Reader*
Saggese / *Easy Italian Reader,* Premium Second Edition
Tardy / *Easy Spanish Reader,* Premium Third Edition

This book is printed on acid-free paper.

Introduction

*E*asy French Reader is a book that beginners in French can actually read—almost from the very first day of study. It uses elementary vocabulary and keeps verb tenses to a minimum. The book contains three sections, **Marc et Julie**, **Les grandes figures de l'histoire**, and **Histoires célèbres**. The readings in each section are followed by comprehension questions. When a word appears that you may not know, it is glossed in the margins. A **Révision**, also with comprehension questions, appears after each group of four to seven chapters in Sections 1 and 2. In addition, crossword puzzles accompany the Section 1 **Révisions**.

Section 1 tells the story of Julie, an American girl of high school age who is living in Paris, and Marc, her French friend. We follow Julie's adventures in learning French both in school and out of school. Julie and Marc discuss the differences between French and English and discover some interesting cultural differences. Marc accompanies Julie as she explores the Louvre and learns about parts of daily life in Paris such as **le métro** and **la poste**.

Section 2 presents an overview of the history of France. This is an account of French history which deals with the leaders of France from the time of Gaul up to the present, offering biographical sketches of famous personalities such as Joan of Arc, Napoleon, and De Gaulle.

In Section 3, we present four short stories by famous French authors. These stories provide exposure and practice in reading literature in French. A young boy in Alsace learns a lesson when the language of his school is suddenly changed in *La dernière classe*, by Alphonse Daudet. A boy puts into practice his republican values during a school rebellion in *Le grand Michu*, by Émile Zola. Two small events completely change the lives of the characters in *Les pêches*, by André Theuriet, and *La parure*, by Guy de Maupassant. These stories are great for building confidence about your reading ability and serve as an introduction to the great French literary tradition.

This multilevel French reader provides an introduction to French culture, history, and literature, as well as extensive reading practice in French. We hope that you enjoy the readings at the same time as you build your knowledge of the language.

Table des matières

Première partie
Marc et Julie

Table des matières

Deuxième partie
Les grandes figures de l'histoire

Troisième partie

Histoires célèbres

EASY READER SERIES

Easy *French* Reader

Marc et Julie

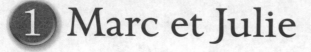 1 Marc et Julie

Marc est français. Il est gentil et intelligent.
Il est un ami de Julie. Julie est américaine.
Elle est très intelligente et sympa aussi°. Ils
sont amis.

aussi *also*

À l'école de Marc, il y a° beaucoup de filles
et de garçons français. Ils sont élèves°. L'école
de Marc est très grande.

il y a *there are*

élèves *students*

À l'école de Julie, il y a des filles et des
garçons aussi. Il y a des élèves américains.
L'école de Julie est petite.

Le père° de Marc s'appelle° Raoul Dupont.
Les parents de Julie s'appellent Franklin.

père *father*
s'appelle *is named*

Après la lecture

A Indicate whether each statement is true or false. Correct the false statements.

1. Marc Dupont est français.
2. Marc et Julie sont amis.
3. À l'école de Marc, il y a des garçons et des filles américains.
4. L'école de Julie est très grande.
5. Le père de Marc s'appelle Marc aussi.
6. Julie est française.

B Complete each sentence with an appropriate word.

1. Marc n'est pas américain. Il est _____.
2. L'école de Marc n'est pas petite. Elle est _____.
3. Julie n'est pas un garçon. Elle est une _____.
4. Les parents de Julie ne s'appellent pas Dupont. Ils s'appellent _____.

2 Marc, Julie et le chien

Marc parle français très bien, parce qu'il est français. En France, tout le monde° parle français, même les enfants°! Beaucoup de Français parlent anglais aussi.

Marc apprend° l'anglais à l'école. Comme Marc et Julie sont de bons amis, ils étudient ensemble°. Marc aide Julie à apprendre le français. Julie aide Marc à apprendre l'anglais. Julie étudie le français à l'école aussi.

Julie parle français avec° un accent américain, et Marc parle anglais avec un accent français.

Julie et Marc sont de bons amis, mais comme tout le monde, ils ont des opinions différentes. Ils ont beaucoup de discussions.

Julie a un chien°. Il s'appelle Chouchou. Chouchou est un bon chien. Comme tous les chiens, il écoute les conversations. Il comprend° le français.

tout le monde *everybody*

enfants *children*

apprend *is learning*

ensemble *together*

avec *with*

chien *dog*

comprend *understands*

Après la lecture

A Indicate whether each statement is true or false. Correct the false statements.

1. Marc parle français très bien parce qu'il étudie le français à l'école.
2. En France, tout le monde parle anglais.
3. Julie apprend le français à l'école.
4. Julie aide Marc à apprendre l'anglais.
5. Le chien de Marc s'appelle Chouchou.
6. Chouchou écoute et comprend le français.

B A common expression in French is tout le monde, meaning *everyone*, or literally *all the world*. Tout is also used with other words. Can you find an expression in the reading that means *all the dogs*? Remember that tout **will change to** tous **because** *dogs* **is plural.**

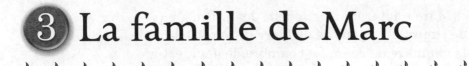

③ La famille de Marc

La famille de Marc s'appelle Dupont.
Madame Dupont est la mère de Marc et
Monsieur Dupont est le père de Marc. Ils
habitent à Paris dans un immeuble° de six
étages°. Aujourd'hui à Paris, il y a des
immeubles de quarante° étages.

immeuble *building*

étages *stories*

quarante *forty*

L'appartement de Monsieur et Madame
Dupont est confortable, mais il n'a pas l'air
conditionné.

Dans l'appartement, il y a un salon°
immense avec vue sur la Seine et la tour
Eiffel. Dans le salon, il y a un piano et trois
portraits de famille. Un des portraits est de la
mère de Marc.

Dans la chambre de Marc il y a un lit, deux
lampes, quatre chaises, une télé et une guitare.

salon *living room*

Marc a un frère. Il s'appelle Jean. Il n'a pas de sœurs. La chambre de Marc est à côté de° la chambre de Jean. La chambre de Jean est à côté du salon.

à côté de *next to*

Le père de Marc est pilote. Il est un des pilotes d'Air France. La mère de Marc est chef de cuisine dans un restaurant chic.

Après la lecture

A Indicate whether each statement is true or false. Correct the false statements.

1. L'immeuble des Dupont a quarante étages.
2. L'appartement des Dupont a l'air conditionné.
3. La chambre du frère de Marc est à côté du salon.
4. Marc a une sœur.
5. Dans le salon des Dupont, il n'y a pas de piano.
6. Il y a des portraits dans la chambre de Marc.
7. Dans le salon, il y a un lit.
8. Dans la chambre de Marc il y a quatre chaises et deux lampes.
9. Il y a quatre personnes dans la famille de Marc.
10. Monsieur Dupont est chef de cuisine.

B Draw a diagram of the Duponts' apartment (or of Marc's room). Label everything you can. Be sure to include the people.

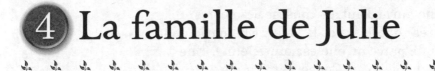

④ La famille de Julie

La mère de Julie est professeur d'anglais. Le
père de Julie est journaliste pour un journal°
américain. Les parents de Julie ont une maison
à Paris. Ils ont une voiture° et un garage.

journal *newspaper*

voiture *car*

Julie est élève à l'École américaine à Paris.
Julie n'a pas d'auto. C'est dommage!° Mais
elle a une bicyclette.

C'est dommage! *Too bad!*

Pendant les vacances d'hiver°, la famille de
Julie va en Savoie, dans les Alpes. L'hiver, il
fait très froid en Savoie et il y a beaucoup de
neige°. On fait du ski. Julie aussi fait du ski.

hiver *winter*

neige *snow*

L'été° à Paris, quand il fait beau, Julie va
au jardin des Tuileries. C'est là° qu'elle
rencontre° Marc.

été *summer*

là *there*

rencontre *meets*

Quand ils sont ensemble, ils parlent de
beaucoup de choses°. Marc parle plus que
Julie. Il est plus bavard° que son amie.
Chouchou préfère écouter Julie.

choses *things*

bavard *talkative*

Marc parle de sports, de sa guitare ou de
ses photos parce qu'il est photographe. Tous
les sports l'intéressent, et il aime surtout faire
de la boxe°.

faire de la boxe *to box*

Julie parle d'autres choses. Ses sports préférés sont le ski et le vélo°. Elle parle de la musique parce qu'elle est musicienne. Elle étudie le piano au Conservatoire. Le Conservatoire, c'est une grande école de musique. Marc écoute Julie avec attention.

vélo *cycling*

Après la lecture

A **Indicate whether each statement is true or false. Correct the false statements.**

1. Le père de Julie est pilote.
2. Les parents de Julie ont deux maisons.
3. Julie a une voiture.
4. On fait du ski en Savoie, dans les Alpes.
5. Julie rencontre Marc à Paris, au jardin des Tuileries.
6. L'été à Paris, il fait froid et il y a de la neige.
7. Marc et Julie parlent de beaucoup de sujets différents.
8. Marc aime parler.
9. Julie n'aime pas les sports.

B **Complete each sentence with an appropriate word.**

1. Le père de Julie travaille pour un journal. Il est _____.
2. Il fait très froid et il y a beaucoup de neige. La saison est _____.
3. Marc fait des photos. Il est _____.
4. Julie étudie la musique. Elle est _____.

Révision 1

arc est un garçon et Julie est une fille. Marc est français et son amie Julie est américaine. Marc va à une école française. C'est une grande école. Les élèves sont français. À l'école de Julie, il y a des garçons et des filles américains. L'école de Julie s'appelle l'École américaine à Paris. Marc et Julie étudient ensemble.

Les parents de Marc ont un appartement à Paris. L'appartement des Dupont est dans un immeuble de six étages. Du salon, on a une vue splendide sur la Seine et la tour Eiffel.

Marc a une télé et une guitare dans sa chambre. Il fait de la boxe. Il est aussi photographe.

Julie fait du ski et du vélo. Julie va au jardin des Tuileries quand il fait beau. C'est là qu'elle rencontre Marc. Elle est musicienne. Elle étudie le piano au Conservatoire.

Julie a un chien. Il s'appelle Chouchou. C'est un chien très intelligent, c'est même un chien remarquable. Il écoute quand on lui parle. Il comprend le français mais il ne comprend pas l'anglais.

Après la lecture

Answer in complete sentences.

1. Qui est français?
2. Comment sont les élèves à l'école de Julie?
3. Les Dupont habitent où?
4. Marc a quoi dans sa chambre?
5. Que fait Julie?
6. Comment est Chouchou?

Mots croisés 1

Fill in the crossword by completing the sentences below.

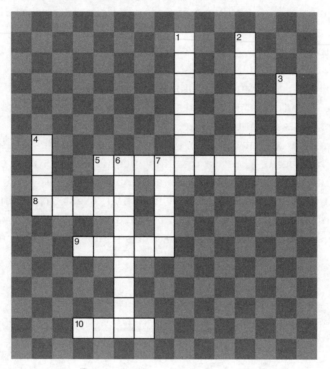

Horizontalement

5. La mère de Julie est _____ d'anglais.

8. Julie a un _____ qui s'appelle Chouchou.

9. À l'_____ de Julie il y a des filles et des garçons américains.

10. La mère de Marc est _____ de cuisine.

Verticalement

1. Les parents de Julie ont une _____ et un garage.

2. Il y a une télé et une guitare dans la _____ de Marc.

3. On fait du ski en _____ mais pas en été.

4. Elle parle français _____ un accent américain.

6. Julie _____ Marc au jardin des Tuileries.

7. Marc est un garçon et Julie est une _____.

⑤ À l'école de Julie

Nous sommes à l'école de Julie, l'École américaine à Paris. Les élèves sont américains, mais le professeur est français. C'est le premier jour de l'école et la première leçon de français.

LE PROF   *(très énergique)* Bonjour, mes élèves! Quelle belle journée!

BILL   *(à Julie) What is he saying?*

JULIE   *I think he said hello, and he seems really enthusiastic.*

Le professeur commence l'appel des noms°.

appel des noms *roll call*

LE PROF   Bill Atkins!

BILL   *Here!*

LE PROF   Répondez-moi en français, s'il vous plaît. Dites° «Présent» ou «Absent»!

Dites *Say*

BILL   *How can you say you're absent if you're not there?*

LE PROF   Ne m'interrompez pas,° s'il vous plaît. Un élève est présent ou il est absent. C'est l'un ou l'autre, O.K.?

Ne m'interrompez pas *Don't interrupt me*

BILL   O.K.

LE PROF   Ne dites pas O.K.! Dites «Oui, monsieur», «Présent, monsieur», «Absent, monsieur»! Ces enfants américains! C'est évidemment à moi de vous apprendre la politesse.

Le professeur continue l'appel des noms. Les élèves répondent «Présent, monsieur!» s'ils sont là. S'ils ne sont pas là, tous les autres crient° «Absent, monsieur!» Ensuite°, le professeur commence la leçon de français.

crient *shout*
Ensuite *Then*

BILL   *(à Julie) He's very strict. I don't know about this.*

JULIE   *Don't worry. My friend Marc told me that the French have some different ways of doing things. I guess this is kind of like what he meant.*

LE PROF   Taisez-vous!° Maintenant, parlons français... Dans cette classe, on parle français. J'insiste! Je vais vous apprendre le français par la méthode directe. Il est défendu° de parler anglais en classe.

> **Taisez-vous!** *Be quiet!*

> **Il est défendu** *It is forbidden*

BILL   Monsieur, *could you please translate what you just said?*

LE PROF   *(furieux)* Non! Jamais de la vie!°

> **Jamais de la vie!** *Out of the question!*

BILL   Monsieur, *how will we know what you're saying?*

LE PROF   Taisez-vous!

Après la lecture

 A **Answer in complete sentences.**

1. Comment les élèves appellent-ils le professeur?
2. Qu'est-ce que le prof de français dit au sujet des élèves américains?
3. Qu'est-ce que Bill dit au sujet du prof?
4. Est-il défendu de parler anglais dans la classe de français?
5. Pourquoi est-ce que Bill ne parle pas français en classe?

B **For each expression, write a few lines of a dialogue in which you use it. Be sure to make clear who would be speaking and why.**

1. Ne m'interrompez pas...
2. Taisez-vous...
3. Il est défendu...
4. Jamais de la vie!...

6 Où est la mouche?

❧ ❧ ❧ ❧ ❧ ❧ ❧ ❧ ❧ ❧ ❧ ❧ ❧ ❧ ❧ ❧

Quelque temps plus tard en l'année

Le professeur prend un livre et le montre à Tom.

LE PROF   Qu'est-ce que c'est que ça?

TOM   *I beg your pardon,* monsieur?

BILL   *(à Tom) He's asking you what that is.*

TOM   Oh! C'est un... une... un... *bug,* monsieur.

Le professeur, étonné,° regarde le livre et voit° la mouche.

étonné *surprised*
voit *sees*

LE PROF   Ah oui! En effet!° C'est une mouche. Répétez après moi: c'est une «mouche»!

LA CLASSE   *(enthousiaste)* C'est une mouche.

LE PROF   Dites: c'est une mouche.

LA CLASSE   C'est une «mouche»!

En effet! *Indeed!*

La mouche se pose° sur la table.

se pose *lands*

LE PROF   Et maintenant, où est la mouche? La mouche est «sur la table». Tout le monde, répétez: «La mouche est sur la table.»

LA CLASSE   *(enthousiaste)* La mouche est sur la table.

La mouche se pose sur le mur°.

mur *wall*

LE PROF   Et maintenant, où est la mouche? La mouche est sur le mur.

LA CLASSE   *(enthousiaste)* La mouche est sur le mur.

LE PROF   Et maintenant, Tom, où est-elle?

TOM   Il est sur le mur, monsieur.

LE PROF   Répétez: «Elle» est sur le mur.

LA CLASSE   Elle est sur le mur.

La mouche s'envole°.

s'envole *flies off*

LE PROF   Où est la mouche? Où est la
mouche maintenant? Où est-elle?

BILL   *(à Julie) He lost it.*

JULIE   *No, I see it. It's on the ceiling.*

Elle lève la main.

JULIE   La voilà!°

La voilà! *There it is!*

LE PROF   Où est-elle?

JULIE   La mouche est sur le plafond°,
monsieur.

plafond *ceiling*

LE PROF   Pas «sur» le plafond, mais...

JULIE   La mouche est sous° le plafond,
monsieur.

sous *under*

LE PROF   Non, pas exactement...

JULIE   Alors, le plafond est sur la mouche,
monsieur.

LE PROF   Non... oui et non...

BILL   *(à Julie) He doesn't seem to know
which way is up!*

LE PROF   La mouche est «au» plafond. Elle
est «au» plafond. Tout le monde,
répétez après moi: la mouche est
«au» plafond.

LA CLASSE   *(enthousiaste)* La mouche est au
plafond.

A Choose the answer that best completes each sentence.

1. Julie _____ la main quand elle trouve la mouche.
   a. lève
   b. voit
   c. montre
2. Le professeur _____ le livre à l'élève.
   a. prend
   b. regarde
   c. montre
3. Le professeur est _____ de voir une mouche sur le livre.
   a. enthousiaste
   b. furieux
   c. étonné
4. La mouche _____ sur la table.
   a. se pose
   b. s'envole
   c. a froid
5. Où est-elle? _____!
   a. C'est une mouche
   b. Non
   c. La voilà
6. La mouche est _____ plafond.
   a. sur le
   b. au
   c. sous le

B Replace the word in bold with the appropriate pronoun. Remember not to make the same mistake that Tom did in the reading.

1. **Julie** lève la main.
2. **Tom** voit la mouche.
3. **Le mur** est grand.
4. **La mouche** est sur le mur.
5. **Le plafond** est très haut.
6. **La table** est dans la salle de classe.

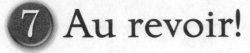 Au revoir!

La mouche s'envole de nouveau°.   **de nouveau** *again*

LE PROF	La mouche vole°. Répétez: la mouche vole.

vole *flies*

LA CLASSE	La mouche vole.
LE PROF	Elle vole.
JULIE	Elle vole.
LE PROF	Et maintenant, où est la mouche?

Le professeur cherche° la mouche.   **cherche** *looks for*

LE PROF	Où est la mouche? Où est la mouche maintenant?

Tous les élèves lèvent la main.

LE PROF	Oui? Où est-elle?
JULIE	Elle est sur votre tête°, monsieur!

votre tête *your head*

Le professeur se donne un coup sur la tête°.   **se donne un coup sur la tête**
La mouche s'envole.   *hits himself on the head*

LE PROF	Et où est-elle?
JULIE	Elle va vers° la fenêtre°...

vers *toward*
fenêtre *window*

LE PROF	Ah oui? Je ne la vois pas.
LUCY	Je la vois! Je la vois, monsieur!
LE PROF	Où est-elle?
BILL	Elle vole...
LUCY	Oui, elle va sortir. La mouche va sortir.
BILL	Elle est sortie. Elle est sortie, monsieur.
LE PROF	Ah oui?
MARY	Ah oui! Elle est sortie, monsieur.
LE PROF	Elle est partie? C'est dommage!
LA CLASSE	Oui, monsieur. Elle est partie.
LA MOUCHE	*(de dehors°)* Au revoir, mes amis!

dehors *outside*

A Answer the questions with complete sentences.

1. Quelle est la première chose que la mouche fait?
2. Où les élèves voient-ils la mouche?
3. Qu'est-ce que le prof se donne? Pourquoi?
4. La mouche vole en quelle direction?
5. Comment sont le prof et les élèves quand la mouche est partie?

B Put the following sentences in order.

1. _____ La mouche est sur la tête du prof.
   _____ La mouche s'envole de la tête du prof.
   _____ Le prof se donne un coup sur la tête.
   _____ La mouche vole vers la tête du prof.

2. _____ La mouche est sortie par la fenêtre.
   _____ La mouche va sortir par la fenêtre.
   _____ Elle dit «au revoir» de dehors.
   _____ Elle vole vers la fenêtre.

8 Julie a froid

JULIE Je suis froide° ce matin.
MARC Tu es toujours froide. C'est à cause de ton tempérament anglo-saxon.
JULIE Mais non, voyons°! C'est parce que la fenêtre est ouverte°.
MARC Alors tu veux dire° que tu «as» froid.
JULIE Oui, c'est ce que je veux dire.
MARC Attention, ne confonds° pas le verbe «être» avec le verbe «avoir».
JULIE Très bien, mais ferme° la fenêtre parce qu'il «est» froid.
MARC Qui est froid? Tu parles du temps° ou de ton tempérament?
JULIE Du temps, bien sûr.
MARC Alors il faut° dire «il fait froid». Quand on parle du temps, on dit «il fait froid» ou «il fait chaud°».
JULIE Très bien, mais ferme la fenêtre, s'il te plaît. Le temps «fait» très froid.
MARC Non, non, non!
JULIE Pourquoi tu dis non?
MARC On dit «il fait froid», ou «le temps est froid», mais on ne peut pas dire que le temps «fait» froid.
JULIE Pourquoi pas?
MARC Parce que c'est comme ça. Le français est une langue très précise.
JULIE C'est à cause des nuances?
MARC Oui, à cause des nuances. «Je suis froid» ne veut pas dire la même chose que «j'ai froid». En anglais, *I am cold* peut vouloir dire «j'ai froid» ou «je suis froid». Il n'y a pas de différence.
JULIE Et vive la différence!

froide cold

voyons look here
ouverte open
veux dire mean

confonds confuse

ferme close

temps weather

il faut it is necessary to

chaud hot

MARC Oui, vive la différence.

JULIE Je comprends, mais ferme la fenêtre,
Marc. J'ai froid.

Après la lecture

A Answer the questions with complete sentences.

1. «J'ai froid» veut dire quoi en anglais?
2. Pourquoi Julie a-t-elle froid? Qu'est-ce qui est ouverte?
3. Quel est le contraire de «froid»?
4. Marc donne quel exemple d'un nuance en français qui n'existe pas en anglais?
5. Quel est un verbe français qui veut dire plusieurs choses en anglais?

B Complete each of the following sentences by inserting the correct verb.

1. J' _____ chaud.
2. C'est parce qu'il _____ chaud.
3. Si tu _____ froid, il faut fermer la fenêtre.
4. Le temps _____ froid.
5. L'été, il _____ chaud.
6. Julie _____ froid.
7. Elle _____ les mains froides.
8. La salle de classe (comme le temps) _____ froide.
9. Quand la fenêtre est ouverte, il _____ froid.
10. Marc dit que les Anglais _____ froids de tempérament.

9 Une leçon de français

Julie apprend de nouveaux mots français de Marc aussi. Marc apprend à Julie des choses différentes de ce qu'elle apprend en classe. Quand on est avec ses amis, on ne veut pas parler des mouches et du plafond.

Marc lui apprend des mots utiles, comme «chérie°» et «chou», et des expressions comme «O.K.». Il appelle Julie «mon chou» ou «mon petit chou». Chouchou écoute la conversation. Il ne comprend pas pourquoi Marc appelle Julie «mon chou». «Chou» est son nom, ce n'est pas le nom de Julie.

Julie proteste. Elle lui dit que «O.K.» est une expression américaine et que ce n'est pas un mot français. Marc insiste. Il lui dit que c'est un mot français qui est même dans les dictionnaires français. Il dit que c'est une expression qui existe dans toutes les langues. En français, on dit «D'accord!» ou «O.K.»

JULIE O.K.! Tu es O.K., Marc!

Chouchou entend° le mot O.K. et va immédiatement vers la porte. Il est content. Pour lui le mot O.K. signifie: «Maintenant on va faire une promenade°.»

Marc dit au chien: «Attends, Chouchou.»

Julie demande pourquoi il dit au chien: «Attends».

JULIE *What is he supposed to attend?*

Marc explique à Julie que le verbe «attendre» ne signifie pas la même chose qu'en anglais. Cela ne veut pas dire *to attend* mais *to wait*.

JULIE Alors, que signifie le verbe «assister» en français?

chérie *dear*

entend *hears*

faire une promenade *to take a walk*

MARC En français, «assister» signifie «être présent», c'est-à-dire *to attend*.

JULIE Oh! là là! Si les mots ne signifient pas la même chose dans les deux langues, c'est bien compliqué!

MARC Mais non! Beaucoup de mots ont la même apparence et signifient la même chose dans les deux langues. Ces deux mots sont des exceptions. On les appelle des «faux amis». Il faut faire attention à ces mots, mais il n'y a pas beaucoup de faux amis.

JULIE Il y a toujours des exceptions!

Après la lecture

A Answer in complete sentences.

1. Est-ce qu'on veut parler des mouches et du plafond avec ses amis?
2. Selon Marc, quels sont les expressions et les mots français utiles à savoir?
3. Pourquoi est-ce que Chouchou ne comprend pas quand Marc appelle Julie «mon chou»?
4. Pour Chouchou, que signifie le mot «O.K.»?
5. Que signifie «assister» en français?
6. Comment appelle-t-on des mots qui ont la même apparence mais qui ne signifient pas la même chose dans les deux langues?
7. Quand y a-t-il des exceptions?

B Answer the questions.

1. Can you figure out the difference in the meanings of **apprendre** in *a* and *b?*
   a. Julie apprend à parler français. Julie apprend de nouveaux mots.
   b. Marc apprend à Julie à parler français. Il apprend à Julie de nouveaux mots.

2. The word **chou** is used in two different ways in *a* and *b*. Explain the difference in English. Can you think of any English words that have a similar second meaning?

a. Un chou est une sorte de légume qu'on mange. Il y a des choux verts et des choux rouges. Les choux ont des feuilles et ils ressemblent à la salade.

b. Marc appelle Julie «mon chou» ou «mon petit chou».

3. a. Find a phrase in the reading that means the same as the word in bold.
Pour lui, le mot «O.K.» **signifie** «Maintenant on va faire une promenade.»

b. Think about the two parts of the phrase you found in *a*. What does this phrase mean literally? How is it used?

⑩ Une autre leçon

❧ ❧ ❧ ❧ ❧ ❧ ❧ ❧ ❧ ❧ ❧ ❧ ❧ ❧ ❧ ❧ ❧

Marc dit à Julie que pour parler une langue il n'est pas nécessaire d'apprendre chaque° mot. Il est quelquefois possible de deviner° le sens d'un mot.

chaque *each*

deviner *to guess*

MARC Par exemple, devine le sens en anglais du mot «éléphant».

JULIE *An elephant.*

MARC Bravo, Julie! Tu peux deviner le sens des mots comme «éléphant», alors tu peux avoir un vocabulaire plus grand. Pour parler une langue, il faut comprendre les règles de la langue et l'aimer.

Marc apprend à Julie qu'il y a des mots en français qui sont les mêmes en anglais.

MARC Quelques mots qui se terminent en **-ant** ou en **-ent** sont les mêmes dans les deux langues, comme un éléphant, un restaurant, un président, un régent, un client, présent, ignorant, important, urgent et élégant.

JULIE C'est très intéressant! Je me demande si les similarités sont à cause de l'origine des mots. Je sais que le français et l'anglais ont tous les deux° des mots qui viennent du latin. Peut-être ces mots se ressemblent parce que, en français et en anglais, ils sont d'origine latine.

tous les deux *both*

MARC Mais oui! Tu as raison.

as raison *are right*

JULIE C'est seulement les mots d'origine latine qui se ressemblent?

MARC Non, il y a aussi des mots anglais qui viennent du français et des mots français qui viennent de l'anglais.

JULIE Sans blague!°

Sans blague! *No kidding!*

MARC Fais attention aux «faux amis», mais pour les autres, les mots qui sont les mêmes dans les deux langues, tu peux facilement les reconnaître.

JULIE Merci, Marc, pour ta bonne leçon de français!

Après la lecture

A Answer the questions.

1. Pour parler français, est-il nécessaire de connaître tous les mots de la langue?
2. Comment est-ce que Julie explique les mots qui sont les mêmes dans les deux langues?
3. Donnez le mot anglais.
   a. un restaurant
   b. un président
   c. un client
   d. urgent
   e. élégant
4. Que veut dire l'expression «sans blague»?

B Marc et Julie parlent des mots qui se ressemblent dans les deux langues et des «faux amis». Expliquez dans vos propres mots ce que c'est qu'un faux ami. Pensez à tous les faux amis que vous connaissez et faites-en une liste. Attention! On ne parle pas ici des copains, seulement des mots!

Révision 2

À l'École américaine à Paris où va Julie, le professeur de français est français. Bill dit à Julie que le prof est strict. Il est défendu de parler anglais en classe. Une mouche se pose sur le livre du prof et le prof demande aux élèves: «Où est la mouche? Où est la mouche maintenant?»

La mouche se pose sur la table et sur le mur. Elle va ensuite au plafond. Elle se pose sur la tête du prof et finalement elle s'envole par la fenêtre. La mouche dit «au revoir» aux élèves.

Avec cette méthode, le professeur de Julie apprend de nouveaux mots aux élèves. Marc apprend à Julie la différence entre «J'ai froid» et «Je suis froid». Il lui apprend des choses différentes de ce qu'elle apprend en classe, comme les mots «chérie» et «chou». Il lui apprend qu'on dit «O.K.» en anglais et en français. Pour Chouchou, le mot «O.K.» veut dire «Maintenant on va faire une promenade.» Julie apprend aussi qu'il y a des mots comme «attendre» et «assister» qui ne signifient pas la même chose dans les deux langues.

On peut deviner le sens des mots qui sont les mêmes dans les deux langues. Il faut aussi faire attention aux «faux amis» comme «attendre» et «assister». Il y a toujours des exceptions. Quand les mots signifient la même chose dans les deux langues, ça peut être à cause de l'origine des mots.

Après la lecture

Answer in complete sentences.

1. D'où est le prof de français de Julie?
2. Il est défendu de faire quoi en classe de français?
3. Comment la mouche sort-elle de la salle de classe?
4. Quelle est la différence entre «J'ai froid» et «Je suis froid»?
5. Quand il y a des mots qui signifient la même chose dans les deux langues, c'est à cause de quoi?

Mots croisés 2

Fill in the crossword by completing the sentences below.

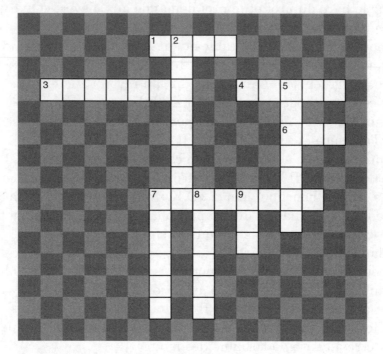

Horizontalement

1. «Assister» signifie «_____ présent».
3. Il est _____ de parler anglais en classe.
4. J'ai froid. _____ la fenêtre, s'il te plaît.
6. La mouche est sortie _____ la fenêtre.
7. Je veux _____ à la discussion pour voir ce qui se passe.

Verticalement

2. Il y a _____ des exceptions.
5. Le prof demande aux élèves de _____ après lui.
7. Le chien veut faire une promenade. Il va vers la porte et il _____ la fille qui arrive.
8. Marc enseigne à Julie trois règles utiles à _____.
9. La mouche est _____ le mur.

⑪ La leçon d'anglais

❧ ❧ ❧ ❧ ❧ ❧ ❧ ❧ ❧ ❧ ❧ ❧ ❧ ❧ ❧

Julie donne une leçon d'anglais à Marc.

JULIE L'anglais est une langue facile. Ce n'est pas comme le français, qui est une langue très, très difficile.

MARC Pas pour moi! L'anglais est une langue beaucoup plus difficile que le français, et moins° logique.

moins *less*

JULIE Tu dis que l'anglais n'est pas une langue logique! Oh! Si!° C'est une langue simple et facile à apprendre. Par exemple en anglais, pour le pluriel des mots, on ajoute° un *s*. C'est simple!

Si! *Yes indeed!*

ajoute *add*

MARC Comme en français.

JULIE Oui, mais en français, il y a beaucoup d'exceptions. Le pluriel de «animal» est «animaux», de «cheval°», «chevaux», et de «général», «généraux».

cheval *horse*

MARC C'est logique. C'est une règle facile à apprendre. Les mots en **-al** ont leur pluriel en **-aux.**

JULIE En anglais nous avons aussi des règles comme cela. Au pluriel, les mots en double *o*, comme *foot* et *goose,* changent le double *o* en double *e*. Les pluriels sont *feet* et *geese.*

MARC Je comprends... Le pluriel de *book* est *beek* et de *noodle, needle.*

JULIE Non, non, non! Ces mots sont des exceptions à la règle.

MARC Il y a toujours des exceptions! C'est pour cette raison que l'anglais est une langue difficile.

JULIE C'est moins difficile à apprendre que le français.

MARC Mais non, l'anglais est une langue impossible à prononcer. En français, il est facile de savoir comment prononcer les mots à cause des accents. Mais en anglais, on ne sait jamais comment les prononcer. Par exemple, il y a beaucoup de sons° différents pour la lettre *a*, comme *fall, fast* et *fate*. C'est une langue stupide et pas logique.

sons *sounds*

JULIE Et le français! Pourquoi est-ce que le pluriel de «œil°» est «yeux»?

œil *eye*

MARC Parce que... Parce que... voyons! C'est évident. On dit: «Vous avez de beaux yeux.» On ne peut pas dire: «Vous avez de beaux œils.»

JULIE Pourquoi pas?

MARC Tu dis des bêtises°.

bêtises *nonsense*

JULIE Eh bien!° Ne dis pas que le français est une langue facile et logique!

Eh bien! *Well!*

MARC Si! C'est une langue logique.

JULIE Non! C'est une langue très compliquée. Bonsoir, Marc!

MARC Bonne nuit, Julie.

A Answer in complete sentences.

1. Pourquoi est-ce qu'il y a des accents sur les lettres? Est-ce parce que les Français aiment les choses artistiques?
2. Est-ce que l'anglais est une langue facile à prononcer pour les Français?
3. Est-ce qu'il y a toujours des exceptions aux règles de la langue? Donnez un exemple en français et un exemple en anglais.
4. Est-ce que l'anglais est une langue plus facile à apprendre que le français?
5. Le mot français pour *moose* est «élan». Donnez le pluriel du mot «élan» en français et du mot *moose* en anglais. (Si vous avez repondu «oui» à la question 4, voulez-vous changer votre réponse ou pas?)

B Use the information in the reading to write as many sentences as you can with plus... que **and** moins... que.

12 Le féminin des mots

❧ ❧ ❧ ❧ ❧ ❧ ❧ ❧ ❧ ❧ ❧ ❧ ❧ ❧ ❧

MARC J'ai un nouveau livre qui est excellent.
Tu veux le voir?

JULIE C'est quoi?

MARC C'est un livre avec des photos des
serpents. Regarde!

JULIE Ce sont des bêtes° merveilleuses!
Celle-là° est très grande. C'est quoi, tu
sais?

bêtes *creatures*

Celle-là *That one*

MARC Cela doit être un boa, mais je ne sais
pas lequel.

JULIE Comment tu sais que c'est un mâle?

MARC C'est le mot «boa» qui est masculin.
Pour le boa dans la photo, je ne sais pas.

JULIE Donc, tous les mots pour les animaux
sont du genre° masculin?

genre *gender*

MARC Non, quelques-uns sont masculins,
d'autres féminins.

JULIE C'est une découverte° intéressante, mais
ce n'est pas logique.

découverte *discovery*

MARC Si, c'est logique. On dit: «un boa, une
vipère, un serpent». C'est simple!

JULIE Et si l'animal est de l'autre sexe,
qu'est-ce qu'on dit?

MARC «Un boa femelle, une vipère mâle, une
girafe mâle, un éléphant femelle».

JULIE Alors, le féminin de chat est «un chat
femelle», et de lion, «un lion femelle»,
n'est-ce pas?

MARC Mais non, voyons! Beaucoup de noms
d'animaux ont un féminin. Par exemple
il y a «un chat, une chatte» et «un lion,
une lionne».

JULIE Encore des exceptions! Il y a toujours
des exceptions.

MARC Il y a aussi des animaux qui ont des noms tout à fait différents, comme «un taureau» et «une vache».

JULIE C'est quoi?

MARC Une vache, c'est un animal qui nous donne du lait et du bœuf. Un taureau, c'est le mâle.

JULIE Oh là là! Et pour les humains, il y a une forme féminine pour les professions?

MARC Oui, bien sûr. Le féminin de «musicien» est «musicienne»; de «boulanger°», «boulangère»; et de «président», «présidente».

boulanger *baker*

JULIE Et de «avocat°», «avocate», n'est-ce pas?

avocat *lawyer*

MARC Oui, tu as raison. Tu commences à comprendre.

JULIE Et si un homme fait le travail° d'une bonne°, est-ce qu'on l'appelle «Monsieur la bonne» ou «Monsieur la femme de chambre»?

travail *work*

bonne *maid*

MARC Mais non, voyons! C'est un valet de chambre.

JULIE Oh là là! Que c'est compliqué tout cela!

MARC C'est aussi simple et aussi facile à apprendre que les verbes.

JULIE Comment! Tu trouves que les verbes sont faciles à apprendre!

MARC Oui, les verbes français sont faciles.

JULIE *Oh, yes?*

MARC En français, on ne dit pas *Oh, yes?* mais «Ah, oui?». C'est presque la même expression, mais ce n'est pas la même chose.

JULIE Je sais, je sais. Tu commences à être fatigant°.

fatigant *tiresome*

MARC Attends, je vais t'apprendre quelque chose. Si tu ajoutes **-er** à beaucoup de verbes anglais, tu as le verbe en français, comme «flirter», par exemple. Tu sais d'où vient le mot «flirter»?

JULIE «Flirter» n'est pas un mot français. Je
       proteste, Marc. Flirter est une
       occupation américaine.

MARC   Non, c'est un mot français. C'est nous
       qui l'avons inventé. Cela vient du mot
       «fleur°». De là, on a le verbe «fleureter»,
       puis «flirter», qui se prononce comme si
       c'était écrit «fleur-ter».

fleur *flower*

JULIE Tu es très poétique, Marc, mais tu n'as
       pas raison. Je vois que tu dis n'importe
       quoi° pour impressionner les filles.

n'importe quoi *anything*

A Answer in complete sentences.

1. Pour Julie, qu'est-ce qui n'est pas logique?
2. Est-ce que Marc a beaucoup d'évidence pour son argument que le masculin et féminin des mots, c'est une chose simple?
3. Est-ce qu'on utilise toujours «mâle» ou «femelle» pour indiquer le sexe d'un animal?
4. Est-ce que Julie accepte l'explication de Marc que le mot «flirter» vient du mot «fleur»?
5. Quelles sont deux phrases qui montrent l'attitude de Julie à la fin de la conversation?

B Answer the questions.

1. Julie says to Marc: **«Tu dis n'importe quoi.»** The phrase **n'importe quoi** means *anything*. It is not very nice to tell someone: **«Tu dis n'importe quoi.»** Can you figure out why? **N'importe** means *any*. **Quoi** is used with **n'importe** to refer to a thing. **N'importe** is also used in other expressions. Can you figure out what these expressions mean?
   a. n'importe qui
      Il flirte avec n'importe qui.
   b. n'importe comment
      Il ne s'habille pas bien. Il s'habille n'importe comment.
   c. n'importe quel
      Tu veux voir quel film? Ça m'est égal. N'importe quel.
   d. n'importe quand
      On va aller à quelle heure? Ça m'est égal. N'importe quand.
2. Julie dit à Marc: «Je vois que tu dis n'importe quoi pour impressionner les filles.» En anglais, expliquez ce que cette phrase veut dire. Faites attention à chaque mot.

13 Les découvertes scientifiques

❧ ❧ ❧ ❧ ❧ ❧ ❧ ❧ ❧ ❧ ❧ ❧ ❧ ❧ ❧

C'est mercredi après-midi. Comme on ne va pas à l'école le mercredi après-midi en France, Julie téléphone à Marc pour lui donner rendez-vous au jardin des Tuileries. Marc lui répond qu'il regrette beaucoup, mais il ne peut pas y aller aujourd'hui.

JULIE Pourquoi?

MARC Parce que je dois travailler.

JULIE Travailler un mercredi après-midi!
Quelle idée!

Marc lui propose de venir chez lui. Julie accepte. Quand elle arrive chez Marc, elle le trouve en train de travailler°.

en train de travailler *working*

JULIE Qu'est ce que tu étudies, Marc?

MARC Un poème.

JULIE Un poème! Quel poème?

MARC «Le Hareng Saur°».

Hareng Saur *red herring*

JULIE Le hareng saur! Qu'est-ce que c'est que ça?

MARC C'est un poisson. C'est aussi le nom d'un poème de Charles Cros que je dois apprendre par cœur°.

par cœur *by heart*

JULIE Qui est Charles Cros?

MARC C'est un grand poète... et aussi un inventeur.

JULIE Je n'ai jamais entendu parler de° ce poète-là. Qu'est-ce qu'il a inventé?

entendu parler de *heard of*

MARC Le phonographe.

JULIE Mais non, Marc! C'est Monsieur Edison qui a inventé le phonographe.

MARC Non, c'est Charles Cros, un Français, qui a inventé le phonographe. Tous les enfants français savent cela! On nous l'apprend à l'école.

JULIE Mais non! Thomas Edison a inventé le phonographe. Tous les Américains savent cela!

MARC Non, c'est Charles Cros. Si tu ne me crois pas, consulte *Le Petit Larousse*.

JULIE Qui est ce petit Larousse? Est-ce un de tes amis? Je ne le connais pas.

MARC Mais non, voyons! *Le Petit Larousse* est le nom d'un dictionnaire encyclopédique que tout le monde consulte.

JULIE Je ne comprends pas pourquoi tu es si ignorant!

MARC Je proteste! Je ne suis pas ignorant! Ce n'est pas moi, mais un autre Français, Charles Cros, qui a inventé le phonographe!

JULIE Ce n'est pas vrai. C'est Thomas Edison.

MARC Non, Julie. Presque toutes les découvertes scientifiques sont des inventions françaises.

JULIE Ah non! Jamais de la vie!

MARC Tu sais qui a découvert la force de la vapeur° et qui a inventé le bateau à vapeur°?

la force de la vapeur *steam power*
bateau à vapeur *steamboat*

JULIE Oui, Fulton.

MARC Non, c'est Denis Papin, un Français.

JULIE *(furieuse)* Ah non! C'est Robert Fulton. Ce n'est pas un grand secret, ça!

MARC Non, Denis Papin a expérimenté le premier bateau à vapeur en dix-sept cent sept (1707). Fulton est né en dix-sept cent soixante-cinq (1765).

JULIE C'est Fulton qui a fait marcher° un bateau par la vapeur en dix-huit cent sept (1807). Tu as dit que Papin a «expérimenté» le bateau à vapeur, pas que ce bateau a marché. Je crois que tu ne sais pas ce que tu dis.

fait marcher *made work*

MARC Non, ce n'est pas vrai. Tu sais qui a inventé la photographie?

JULIE Oui, c'est Monsieur Eastman.

MARC Non, ce sont deux Français, Niepce et Daguerre.

JULIE *(exaspérée)* Et qui sont les premiers hommes qui ont été à la Lune°? Tu ne vas pas me dire que Neil Armstrong et Michael Collins sont français, eux aussi!

Lune *Moon*

MARC Non, je n'ai pas dit cela. Tout le monde sait qu'ils sont américains. Mais tu sais qui sont les premiers hommes qui ont quitté° la Terre° et sont montés en ballon?

quitté *left*
Terre *Earth*

JULIE Non, et cela ne m'intéresse pas.

MARC Ce sont encore des Français, les frères Montgolfier.

JULIE Ah!

MARC Et ce n'est pas tout!

JULIE Arrête, Marc! J'en ai assez. Si tu insistes et dis que ce n'est pas Edison qui a inventé le phonographe, ni Fulton qui a inventé le bateau à vapeur, je ne vois pas comment nous pouvons rester amis.

MARC Mais voyons, Julie! Ne me blâme pas! Moi, je n'ai rien inventé. Ne te fâche pas!°

Ne te fâche pas! *Don't get mad!*

JULIE Si tu insistes et dis que ce sont des Français qui ont tout inventé, je te quitte.

MARC Julie, je suis sûr d'avoir raison. Je maintiens tout ce que j'ai dit.

JULIE Alors, adieu Marc!

Julie sort et claque° la porte. La mère de Marc entre.

claque *slams*

MÈRE Ça ne va pas, non! Qu'est-ce qui se passe ici?

MARC Julie est partie. Elle est fâchée parce

que je lui ai dit que ce sont les Français qui ont tout inventé.

MÈRE Mais les Français n'ont pas tout inventé. Ils ont fait de grandes contributions, bien sûr, mais pas tout.

MARC Alors, qui a inventé le phonographe? C'est Charles Cros, pas Thomas Edison, non?

MÈRE Ils l'ont inventé la même année, dix-huit cent soixante dix-sept (1877), Cros ici et Edison en Amérique.

MARC Mais le bâteau à vapeur, c'est un Français, Papin, qui l'a inventé, non? Ce n'est pas Fulton.

MÈRE Ils ont fait des contributions tous les deux. Papin a eu l'idée d'un moteur à vapeur, mais ce sont des autres, comme Fulton, qui l'a fait marcher.

MARC Et la photographie? C'est Eastman ou Niepce et Daguerre?

MÈRE Il y a longtemps, Niepce et Daguerre ont inventé des parties fondamentales de la photographie, comme l'image photographique. Eastman a inventé le film photographique, ce qui contribue à la photographie moderne.

MARC Oh, non! Nous avons eu raison tous les deux, Julie et moi. Si je lui dis cela, elle ne va plus être fâchée avec moi.

Après la lecture

A Match the contribution or invention with the person who did it first.

A	B
1. quitter la Terre dans un ballon	a. Charles Cros
2. inventer le film photographique	b. Denis Papin
3. inventer le phonographe en Amérique	c. Robert Fulton
	d. Niepce et Daguerre
4. faire marcher un bateau à vapeur	e. George Eastman
5. inventer la photographie	f. les frères Montgolfier
6. marcher sur la Lune	g. Thomas Edison
7. inventer le phonographe en France	h. Neil Armstrong et Michael Collins
8. avoir l'idée d'un moteur à vapeur	

B For each expression, write a few lines of dialogue in which you would use it. Include who you would say it to and why. You can use several expressions in the same scene. Be sure to use each expression at least once.

1. en train de
2. Je n'ai jamais entendu parler de...
3. Je proteste!
4. faire marcher
5. J'en ai assez!
6. Ça ne va pas, non!
7. Qu'est-ce qui se passe ici?

14 La poésie

Le Hareng Saur

Il était un grand mur blanc—nu°, nu, nu,

Contre° le mur une échelle°—haute, haute, haute,

Et, par terre, un hareng saur—sec°, sec, sec,

Il vient, tenant° dans ses mains—sales, sales, sales,

Un marteau° lourd, un grand clou°—pointu, pointu, pointu,

Un peloton de ficelle°—gros, gros, gros,

Alors il monte à l'échelle—haute, haute, haute,

Et plante le clou pointu—toc, toc, toc,

Tout en haut° du grand mur blanc—nu, nu, nu,

Il laisse aller le marteau—qui tombe, qui tombe, qui tombe,

Attache au clou la ficelle—longue, longue, longue,

Et, au bout° le hareng saur—sec, sec, sec,

Il redescend de l'échelle—haute, haute, haute,

L'emporte° avec le marteau—lourd, lourd, lourd,

Et puis, il s'en va ailleurs°—loin, loin, loin,

Et depuis le hareng saur—sec, sec, sec,

Au bout de cette ficelle—longue, longue, longue,

Très lentement se balance°—toujours, toujours, toujours,

J'ai composé cette histoire—simple, simple, simple,

Pour mettre en fureur° les gens—graves°, graves, graves,

Et amuser les enfants—petits, petits.

nu *bare*	
Contre *Against*	
échelle *ladder*	
sec *dry*	
tenant *holding*	
marteau *hammer*	
clou *nail*	
peloton de ficelle *ball of string*	
Tout en haut *Right at the top*	
au bout *at the end*	
L'emporte *Takes it away*	
s'en va ailleurs *goes elsewhere*	
se balance *swings*	
mettre en fureur *to enrage*	
graves *serious*	

Marc apprend par cœur ce poème de Charles Cros et il pense à Julie. Pourquoi se mettre en fureur pour rien? Après tout, c'est sans importance de savoir qui a inventé le phonographe et le premier bateau à vapeur! Ce qui est important, c'est que Julie et lui restent de bons amis.

Vendredi soir, Marc décide de téléphoner à Julie pour lui faire des excuses. Il va lui dire qu'il regrette de l'avoir offensée.

Il téléphone chez Julie mais sa mère lui dit:
«Julie n'est pas là. Elle est sortie.» Marc devine
où elle est allée. Elle va au Conservatoire tous
les vendredis soirs pour sa leçon de piano.

Marc met son imperméable° et va au **imperméable** *raincoat*
Conservatoire.

Après la lecture

A **Answer in complete sentences.**

1. Comment est le marteau? Et le clou?
2. Où reste le hareng saur finalement?
3. Le poète dit qu'il veut faire quoi avec ce poème?
4. Marc dit qu'une chose est plus importante qu'une autre. Quelles sont ces choses?
5. Qu'est-ce que Marc veut dire à Julie?
6. Qu'est-ce que Julie fait tous les vendredis soirs?

B **Use these lines from the poem to answer the questions. You can answer in English.**

> Alors il monte à l'échelle—haute, haute, haute
> Et plante le clou pointu—toc, toc, toc

1. Quel est le sens du mot «haute»? Comment est une échelle?
2. Qu'est-ce qu'il fait quand il «plante» le clou?
3. Pourquoi pensez-vous que le mot «toc» est utilisé?

15 Le coup de téléphone

Marc est allé voir Julie au Conservatoire. Il lui a parlé, mais il n'y a pas eu de réconciliation.

Depuis ce jour, Marc a téléphoné à Julie tous les jours, mais elle a refusé de lui parler. Sa mère dit toujours: «Julie n'est pas là.»

Marc a eu une idée: il a pensé à son ami Bill. Bill va à la même école que Julie et il est aussi un ami de Julie. Marc lui a donné un petit message pour Julie.

Maintenant, Marc attend. Il pense que Julie va lui téléphoner à cause de son message. Il a découvert une chose: il aime Julie. Il prend sa guitare et va chanter°. Inspiré par le poème de Charles Cros, il compose cette chanson°.

chanter to sing

chanson song

Si tu vois Julie
Dis-lui d'appeler
Son cher ami Marc
Qui aime lui parler.

Si tu vois Julie
Remets-lui pour moi
Ce petit message.
Surtout n'oublie pas!

Au Conservatoire
Je lui ai parlé
L'invitant à boire°
Un café au lait.

boire to drink

Mais j'ai vu sa mère
Venir° la chercher;
Pour me décevoir
Elle s'en est allée.

venir to come

Si tu vois Julie
Dis-lui d'appeler
Son cher ami Marc
Qui aime lui parler.

Je ne peux pas croire°
Qu'elle veut vraiment
Finir notre histoire
Juste à ce moment.

croire *believe*

Au Conservatoire
Elle va revenir
Et ma peine° noire
Va enfin finir.

peine *sorrow*

Si tu vois Julie
Dis-lui d'appeler
Son cher ami Marc
Qui aime lui parler.

Remets-lui pour moi
Ce petit message.
Surtout n'oublie pas!
Surtout n'oublie pas!

Après la lecture

A. Answer in complete sentences.

1. Quand Marc est allé voir Julie au Conservatoire,
   est-ce qu'il lui a parlé?
2. Quand Marc téléphone à Julie, est-ce qu'elle lui
   parle?
3. Qu'est-ce que la mère de Julie dit à Marc?
4. Qu'est-ce que Marc a demandé à Bill de faire
   pour lui?
5. Qui est venu chercher Julie au Conservatoire?
6. Marc pense que Julie va faire quoi?

B Some verbs that you know are also at the root of other verbs. These verbs are conjugated like the root verbs, but they have different meanings. Can you figure out what each of these verbs means? What is the root verb?

1. Remettre (Remets-lui)
2. Revenir
3. Découvrir (Il a découvert)

Révision 3

Julie donne une leçon d'anglais à Marc. Julie dit que l'anglais est plus facile et logique que le français. Marc n'est pas d'accord. Il y a des exceptions aux règles dans les deux langues.

Marc et Julie regardent un livre de serpents. Ils parlent du genre des mots. Julie apprend comment faire le féminin des animaux. On dit «un boa femelle» et «une vipère mâle». D'autres mots ont un féminin, alors on dit «une chatte» et «une lionne». Julie apprend le féminin des professions aussi. Marc dit à Julie que le mot «flirter» vient du mot «fleur». Julie dit: «Je vois que tu dis n'importe quoi pour impressionner les filles.»

Un mercredi après-midi, Julie va chez Marc. Il est en train d'apprendre par cœur un poème de Charles Cros, qui est poète et inventeur. Ils se disputent de qui a inventé le phonographe. Julie se fâche et elle part. La mère de Marc explique à Marc que des inventeurs différents ont contribué à la création des inventions comme le phonographe, le bateau à vapeur et la photographie. Marc sait maintenant que lui et Julie, ils ont raison tous les deux.

Marc apprend par cœur le poème *Le Hareng Saur*. Il téléphone chez Julie, mais elle n'est pas là. Il va lui parler au Conservatoire, mais il n'y a pas de réconciliation. Marc téléphone à Julie tous les jours, mais elle ne lui parle pas. Il donne un message à son ami Bill, qui est aussi un ami de Julie. Marc prend sa guitare et il compose une chanson.

Après la lecture

Answer in complete sentences.

1. Est-ce qu'il y a des exceptions aux règles dans les deux langues?
2. Pourquoi est-ce que Julie se fâche?
3. Que dit la mère de Marc au sujet des inventeurs?
4. Qu'est-ce qui se passe quand Marc va parler à Julie au Conservatoire?
5. Qu'est-ce qui se passe quand Marc téléphone chez Julie?

Mots croisés 3

Fill in the crossword by completing the sentences below.

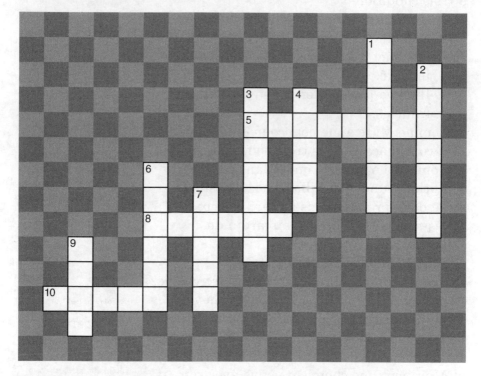

Horizontalement

5. On ne va pas à l'école le _____ après-midi en France.

8. Il y a «un chat, une _____» et «un lion, une lionne».

10. Marc apprend par cœur un _____ de Charles Cros.

Verticalement

1. Qui a _____ le phonographe, Edison ou Cros?

2. Le pluriel d'animal est _____.

3. Je vois que tu dis n'_____ quoi pour impressionner les filles.

4. Quand elle arrive chez Marc, elle le trouve en _____ de travailler.

6. Elle n'est pas du tout contente. Elle est _____.

7. Une _____ c'est un animal qui nous donne du lait et du bœuf.

9. On utilise un marteau pour planter un _____.

16 La réconciliation

Julie a finalement téléphoné à Marc. Il lui a fait des excuses. Elle a accepté de revoir Marc à trois conditions.

1. Il ne va plus lui dire qu'il a toujours raison.
2. Il admet que les Français n'ont pas tout inventé.
3. Il ne va plus parler des inventeurs français.

Comme Marc aime beaucoup Julie et désire la revoir, il accepte ses trois points. Il est prêt° **prêt** *ready* à promettre n'importe quoi. Dans ces conditions, une réconciliation est possible et Julie donne rendez-vous à Marc mercredi après-midi à trois heures au jardin du Luxembourg.

Tout va bien.

Avant° d'aller au rendez-vous, Marc va chez le coiffeur° pour se faire couper les cheveux°. Julie va aussi chez son coiffeur, pour se faire onduler° les cheveux. Elle donne un bain° à Chouchou. Julie met° ses vêtements° favoris, et Marc met une chemise° neuve avec son meilleur jean. Il est beau et très aimable aujourd'hui, comme si une fée° l'a maintenant changé.

coiffeur *barber, hairdresser*
se faire couper les cheveux *to get a haircut*
onduler *to wave*
bain *bath*
met *puts on*
vêtements *clothes*
chemise *shirt*

fée *fairy*

Marc arrive au jardin du Luxembourg bien avant° l'heure du rendez-vous, et Julie arrive une heure en retard°.

avant *before*
en retard *late*

Marc n'aime pas attendre, mais quand il voit Julie arriver, il est tellement content de la voir qu'il ne dit rien.

Il la trouve belle et elle le trouve beau.

Ils s'embrassent.

Julie s'excuse d'être un peu en retard. Il lui dit que c'est sans importance. Ils ne mentionnent pas leur dispute de l'autre jour. Ils ne vont plus parler des inventeurs français. Ils vont parler d'autre chose.

MARC Tu t'es fait onduler les cheveux. Ça te va bien.°

JULIE Merci. Et toi, tu as une chemise neuve, je vois!

MARC Oui. J'ai trouvé une autre similarité entre le français et l'anglais. Tu sais que les mots en **-al** sont souvent les mêmes dans les deux langues?

JULIE Non, comment?

MARC Tu vois, il y a l'animal, le général, le cardinal, le canal, royal, international et encore d'autres.

JULIE C'est très intéressant. Merci, mon *pal.*

MARC Mon quoi?

JULIE Mon *pal.* Le mot *pal* n'est pas un mot français? C'est un mot en **-al.**

MARC Non. Le mot *pal* est une exception. La plupart des mots d'une syllabe sont des exceptions.

JULIE C'est dommage! Il n'y a pas d'expression en français qui correspond à *my pal!*

MARC Si: «mon vieux».

JULIE Bien, mon vieux!

A Answer in complete sentences.

1. À quelles conditions est-ce que Julie accepte de voir Marc?
2. Pourquoi est-ce que Marc accepte ses conditions?
3. Où est-ce que Julie donne rendez-vous à Marc?
4. À quelle heure ont-ils rendez-vous?
5. Qu'est-ce que Julie fait avant d'aller au rendez-vous?
6. Est-ce que Marc arrive à l'heure au rendez-vous?
7. Quelle est la première chose que Marc et Julie font quand ils se voient?
8. Y a-t-il des exceptions à la règle que Marc apprend à Julie?
9. Quelle est l'expression française qui veut dire *my pal*?

B You are already familiar with the use of chez, as in: «Julie va chez Marc.» In this reading, chez is used not for someone's house, but for something else. Can you find this use in the reading? Then write three sentences using chez in this way. Notice that chez is used with a person, not a place.

17 Chez le pharmacien

Comme c'est dimanche aujourd'hui, Marc et Julie décident d'aller visiter le musée du Louvre.

JULIE Allons au Louvre.

MARC Bon! Si tu veux.

JULIE Est-ce que le musée est ouvert aujourd'hui?

MARC Oui, les musées sont ouverts tous les jours, sauf° le mardi.

sauf *except*

JULIE Combien coûte l'entrée?

MARC C'est gratuit° pour les moins de dix-huit ans.

gratuit *free*

JULIE Génial!° Ce n'est pas vrai aux États-Unis. Comment on va au Louvre?

Génial! *Cool!*

MARC Prenons le métro.

JULIE Il y a une station de métro près d'ici?

MARC Oui, il y en a une à deux pas° d'ici.

à deux pas *two steps away*

JULIE Nous emmenons° Chouchou avec nous?

emmenons *take along*

MARC Non. Les chiens n'ont pas le droit° de monter dans le métro.

n'ont pas le droit *aren't allowed*

Ils sortent. Ils passent devant une pharmacie.

JULIE Oh! Est-ce qu'on peut s'arrêter ici, chez le pharmacien? J'ai des médicaments à acheter.

MARC Bien! Entrons.

Ils entrent dans la pharmacie.

JULIE Bonjour, monsieur. Je voudrais quelque chose pour mon rhume°.

rhume *cold*

LE PHARMACIEN Voici des pilules°... Ils vont t'aider. Vous en prenez une toutes les quatre heures.

pilules *pills*

JULIE	J'ai aussi une ordonnance°... Est-ce que ça va être long à préparer?
LE PHARMACIEN	Non, mademoiselle! Une petite heure seulement.
JULIE	Est-ce long une «petite» heure?
MARC	Non, c'est juste une expression.
LE PHARMACIEN	*(lisant l'ordonnance)* On vous a mordu° l'oreille, mademoiselle?
JULIE	Non, pourquoi?
LE PHARMACIEN	Parce que ce médicament est pour cela.
JULIE	Oh! Ce n'est pas pour moi. C'est pour Chouchou.
LE PHARMACIEN	Qui est Chouchou?
JULIE	C'est mon chien.
LE PHARMACIEN	Ah! je comprends.
JULIE	Marc, tu veux aller chercher de la glace?
MARC	Oui, bien sûr.
LE PHARMACIEN	Allez à la pâtisserie° à côté. Ils ont de très bonnes glaces.

ordonnance *prescription*

mordu *bit*

pâtisserie *pastry shop*

Ils sortent. Ils prennent des glaces à la pâtisserie et ils attendent l'ordonnance de Chouchou. Ensuite, ils vont à la station de métro.

A Answer in complete sentences.

1. Les musées français sont fermés quel jour?
2. Combien coûte l'entrée au musée du Louvre pour les moins de dix-huit ans?
3. Comment est-ce que Julie et Marc vont au Louvre?
4. Pourquoi n'emmènent-ils pas Chouchou avec eux?
5. Pourquoi est-ce que Julie s'arrête chez le pharmacien?
6. Qui a un rhume?
7. Qui a l'oreille mordue?
8. Où achète-t-on de la glace au chocolat en France?

B Answer the questions.

1. Quand Marc et Julie arrivent à la pharmacie, ils disent: «Entrons.» Ensuite ils entrent dans la pharmacie. Vous connaissez donc le verbe «entrer». Est-ce que vous pouvez trouver un mot dans la lecture qui ressemble à entrer mais qui veut dire *entrance* ou *admission?*
2. Peut-être vous connaissez le mot «libre», qui veut dire *free*. Dans cette lecture, vous avez vu le mot «gratuit», qui veut dire *free* dans un autre sens. Regardez les phrases. Vous pouvez deviner la différence entre «gratuit» et «libre»?
   a. L'entrée est gratuite pour les enfants.
   b. On peut prendre les choses qui sont gratuites sans payer.
   c. C'est un pays où les gens sont libres.
   d. Je suis libre de dire et d'écrire ce que je veux.

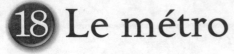
18 Le métro

Marc et Julie entrent dans la station de
métro. Julie achète un ticket au guichet°. Elle
va acheter un autre ticket pour rentrer°. Marc
a sa carte orange qui est bonne pour un mois,
donc il ne doit pas acheter un ticket chaque
fois pour prendre le métro. Ensuite, ils vont
vers les quais°.

guichet *ticket window*

rentrer *to go back*

quais *train platforms*

JULIE Et maintenant, on va où?
MARC Là-bas, à gauche°, direction «Porte de la
     Villette».
JULIE C'est cet escalier° qu'il faut prendre?
MARC Oui, pour descendre au quai.

à gauche *to the left*

escalier *staircase*

Ils arrivent en bas de l'escalier.

MARC Dépêchons-nous°, le train arrive.

Dépêchons-nous *Let's hurry*

Ils se dépêchent, mais la porte automatique
s'est déjà fermée. Ils ne peuvent pas monter
dans le train.

JULIE Pourquoi on ferme la porte si vite°?
MARC C'est pour nous faire rater° le train et
     nous forcer de prendre le prochain°
     train.
JULIE Aux États-Unis les portes restent
     ouvertes plus longtemps.
MARC Oui, mais nous ne sommes pas aux
     Etats-Unis. Nous sommes en France.

vite *fast*

rater *to miss*

prochain *next*

Un autre train entre dans la station.

MARC La porte va se fermer. Dépêche-toi de
     monter!

Ils montent dans le train et la porte se
referme derrière eux.

JULIE Est-ce qu'on va directement au Louvre?
MARC Non, il faut changer au «Châtelet».

JULIE Et faire un kilomètre à pied° pour   **à pied** *on foot*
       changer de train, je pense!
MARC   Non, à la station de métro «Châtelet», il
       y a un tapis roulant°.   **tapis roulant** *moving*
                                                sidewalk
JULIE Tant mieux! Et voilà! «Châtelet» est le
       prochain arrêt. Le métro est très rapide.
MARC   C'est ici. Descendons!

Ils descendent du train. Ils prennent le
tapis roulant. Le tapis roulant les emmène à
l'autre bout° de la station Châtelet. Là, ils   **bout** *end*
prennent le train vers le Louvre.

Après la lecture

A Answer in complete sentences.

1. Quelle est la différence entre le ticket de Julie et la
   carte orange de Marc?
2. Qu'est-ce que Marc et Julie prennent pour
   descendre au quai?
3. Est-ce qu'ils prennent le premier train qui arrive?
   Pourquoi?
4. Est-ce qu'ils changent de train?
5. À cause du tapis roulant, qu'est-ce qu'ils ne doivent
   pas faire à la station «Châtelet»?
6. Le tapis roulant les emmène où?

B Complete each sentence with an appropriate word.

1. Non! On ne va pas au Louvre directement. On va
   _____ de train.
2. Non! La porte ne reste pas ouverte. Elle s'est déjà
   _____.
3. Non! Nous ne voulons pas rater le train.
   _____-nous!
4. Non! Il ne doit pas acheter un ticket. Il a une _____
   qui est bonne pour un mois.
5. Non! Il n'y a pas de tapis roulant. Il faut faire un
   kilomètre _____.

19 Au musée du Louvre

JULIE	On doit prendre les billets?
MARC	Non, pour les moins de dix-huit ans, l'entrée est gratuite et on ne doit même pas avoir des billets.
JULIE	Génial! Il y a tellement de choses° à voir ici! On commence par où?
LE GARDIEN	Attendez, mademoiselle! Il faut laisser votre parapluie°.
JULIE	Vous voulez mon parapluie? Pourquoi?
LE GARDIEN	Les parapluies sont interdits. Les tableaux et les sculptures sont très précieux. On ne peut pas prendre le risque d'endommager° une œuvre d'art. Les parapluies, et d'autres choses trop grandes, doivent rester ici à la consigne°.
JULIE	Bon, d'accord. Le voici.
LE GARDIEN	Merci, bonne visite!
MARC	Prenons cet escalier à gauche.

tellement de choses so many things

parapluie umbrella

endommager to damage

consigne checkroom

Ils montent l'escalier. En haut, ils voient une grande statue.

JULIE	Oh, regarde cette statue! C'est magnifique!
MARC	C'est *la Victoire de Samothrace.*
JULIE	*La Victoire de Sam O...* quoi?
MARC	De *Samothrace.* On l'appelle comme ça parce qu'elle vient de Samothrace.
JULIE	Où est Samothrace?
MARC	C'est une île grecque en mer Égée°.
JULIE	Et la victoire? Ce doit encore être une victoire de Napoléon I...

mer Égée Aegean Sea

MARC Mais non! Cette statue est beaucoup
plus vieille que Napoléon. Napoléon,
c'est le début des années dix-huit cent.
La Victoire de Samothrace, c'est l'année
cent quatre-vingt dix «avant»
Jésus-Christ.

JULIE Donc, c'est la victoire de qui?

MARC C'est la victoire des Rhodiens. Ils
viennent de l'île de Rhodes qui est aussi
en mer Égée.

JULIE Comme tu es savant! Comment tu sais
tout cela?

MARC C'est écrit au bas de la statue.

JULIE Ah oui! En effet.

MARC Allons voir une autre statue très
célèbre, *la Vénus de Milo.*

JULIE (*devant* la Vénus de Milo) Comme elle
   est belle! Comment est-ce qu'elle s'est
   cassé les bras°...?

MARC On l'a trouvée comme cela. On sait
   qu'elle est une déesse° par sa taille° et
   son attitude.

JULIE Elle est quelle sorte de déesse?

MARC Elle est une déesse grecque, peut-être de
   l'amour ou de la mer.

JULIE J'aime beaucoup les statues!

MARC Oui, mais il faut aussi voir les tableaux!

JULIE Où sont-ils?

MARC En haut, au premier étage.

**Quelques heures plus tard, dans les galeries
de tableaux.**

JULIE Pourquoi il y a tant de monde dans cette
   salle?

MARC C'est pour voir *la Joconde.*

JULIE *La Joconde!* Qui est-ce?

MARC Comment! Tu ne connais pas *la Joconde!*

Julie voit le tableau et elle le reconnaît.

s'est cassé les bras *broke
her arms*

déesse *goddess*
taille *size*

JULIE   Ah! Tu veux dire *la Mona Lisa!* Je la connais. Je l'ai vue dans le livre des tableaux célèbres de mon père. Mais pourquoi tu l'appelles *la Joconde?*

MARC   On croit que c'est le portrait de Mona Lisa, la femme de Francesco del Giocondo, un homme de Florence, en Italie. Le nom Giocondo en italien fait Joconde en français. Donc on l'appelle *la Joconde* en France, mais elle est une femme mystérieuse. On n'a jamais été sûr de son identité.

JULIE   Il y a aussi un mot italien, *gioconda,* qui veut dire «une femme joyeuse ou agréable». Le nom peut venir de cela aussi.

MARC   Tu ne m'as pas dit que tu parles italien!

JULIE   Je connais seulement quelques mots.

MARC   Génial!

JULIE   *La Joconde* est encore plus impressionnante que dans le livre. Tu sais pourquoi elle est enclose dans une vitrine°?

vitrine *display window*

MARC	Elle a été volée° une fois, mais on l'a retrouvée. Elle est aussi fragile. C'est pour cela qu'elle est si bien gardée maintenant.	**volée** *stolen*
JULIE	*(regardant un gardien qui dort sur une chaise)* Oui, en effet...	
MARC	*(regardant sa montre)* Il est quatre heures et demie. Rentrons!	
JULIE	Oui, rentrons. On a beaucoup vu aujourd'hui. Je commence à être fatiguée.	

Une fois rentrée, Julie découvre qu'elle a oublié son parapluie à la consigne.

Après la lecture

A Answer in complete sentences.

1. Pourquoi Marc et Julie ne doivent-ils pas avoir des billets?
2. Qu'est-ce qui est défendu dans le musée? Pourquoi?
3. *La Victoire de Samothrace* a été une victoire de qui?
4. Où est-ce que Marc trouve son information?
5. Comment sait-on que *la Vénus de Milo* est une déesse?
6. Pourquoi est-ce que les Français appellent *la Mona Lisa* «la Joconde»?

B Answer the questions.

1. Julie appelle Marc «savant» quand il parle de *la Victoire de Samothrace*. Le mot «savant» vient de quel verbe? Quel est le sens du mot «savant»?
2. Marc dit que le temps de Napoléon est «le début des années dix-huit cent». Qu'est-ce que c'est qu'un «début»? Écrivez en nombres quelles sont «les années dix-huit cent». Vous connaissez une expression équivalente en anglais?

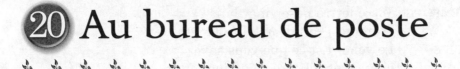

20 Au bureau de poste

Il y a longtemps, la grand-mère de Julie est née° en France. Elle a quitté la France et elle vit° aux États-Unis. Elle sait encore parler français. Maintenant que Julie a appris le français, elle écrit une lettre à sa grand-mère en français. Elle lui dit tout ce qu'elle a appris et ses impressions de la France. Elle met la lettre dans une enveloppe et elle y écrit l'adresse. Elle n'oublie pas d'écrire «USA» après l'adresse. Ensuite elle va envoyer° sa lettre. Marc va avec Julie à la poste.

La Poste est l'entreprise° nationale française qui s'occupe du courrier°. Les employés de La Poste livrent° les lettres aux maisons et aux appartements. C'est à la poste qu'on va quand on veut envoyer une lettre. Si on a des timbres°, on peut mettre ses lettres dans une boîte à lettres° pour les envoyer. Aujourd'hui, Julie n'a pas de timbres.

La poste n'est pas loin° de chez Julie. Il n'est pas nécessaire de prendre le métro.

Il y a beaucoup de monde° à la poste aujourd'hui. Marc et Julie font la queue°. Ils attendent quelques minutes. Il y a devant eux une vieille femme avec trois grands colis°. Marc et Julie aident la femme à porter ses colis au guichet.

Ensuite, c'est le tour de Julie. Elle va au guichet.

L'EMPLOYÉ Et qu'est-ce que je pourrais faire pour vous, mademoiselle?

JULIE Je voudrais envoyer cette lettre aux États-Unis, s'il vous plaît.

L'employé pèse° la lettre.

née *born*
vit *lives*

envoyer *to send*

entreprise *business*
courrier *mail*
livrent *deliver*

timbres *stamps*
boîte à lettres *mailbox*

loin *far*

beaucoup de monde *lots of people*
font la queue *wait in line*

colis *packages*

pèse *weighs*

L'EMPLOYÉ	Votre lettre pèse vingt-huit grammes, ça fait un euro vingt.
JULIE	Le voici. Est-ce que vous savez quand cette lettre va arriver chez ma grand-mère aux États-Unis?
L'EMPLOYÉ	Votre lettre doit arriver dans à peu près une semaine. Ça va? On peut aussi l'envoyer plus vite, mais c'est plus cher.
JULIE	Non, je suis curieuse, c'est tout. Merci beaucoup.
L'EMPLOYÉ	Merci. Bonne journée.

L'employé met un timbre sur la lettre et la garde° pour l'envoyer aux États-Unis. Julie et Marc vont ensuite à la pâtisserie pour prendre une glace.

garde *keeps*

| MARC | Ta grand-mère va être contente de recevoir ta lettre en français. |
| JULIE | Oui, et quand je vais lui rendre visite on va parler français ensemble! |

A Answer in complete sentences.

1. Pourquoi est-ce que Julie écrit à sa grand-mère en français?
2. Que fait La Poste?
3. Il faut avoir quoi pour mettre une lettre dans la boîte à lettres?
4. Qu'est-ce que Marc et Julie font pour la vieille femme? C'est quelque chose de gentil ou pas?
5. La lettre de Julie va arriver chez sa grand-mère dans combien de temps?
6. Qu'est-ce que Julie et sa grand-mère vont pouvoir faire ensemble?

B Replace the words in bold with a word or phrase from the reading that has the same meaning.

1. Il y a **un grand nombre de personnes** à la poste aujourd'hui.
2. Marc et Julie **attendent quelques minutes derrière d'autres gens**.
3. Votre lettre doit arriver dans **approximativement** une semaine.
4. Je vais **aller à sa maison et lui parler**.

Révision 4

Julie donne rendez-vous à Marc au jardin du Luxembourg. Avant d'aller au rendez-vous, Marc va chez le coiffeur. Julie aussi va chez son coiffeur. Marc et Julie sont contents de se voir. Ils ne mentionnent pas les inventeurs et ils parlent d'autres choses. Julie apprend l'expression «mon vieux».

Un dimanche, ils décident d'aller au Louvre. Ils s'arrêtent à la pharmacie. Julie parle au pharmacien. Il lui donne des pilules pour son rhume et il va préparer une ordonnance pour Chouchou. Julie veut de la glace donc ils vont à la pâtisserie pour prendre une glace. Ils attendent l'ordonnance de Chouchou.

Ensuite ils vont à la station de métro. Julie achète un ticket, mais Marc a sa carte orange. Ils ratent le premier train parce que les portes se ferment vite. Ils prennent le prochain train. Ils changent de train à «Châtelet». À «Châtelet», il y a un tapis roulant qui les emmène à l'autre bout de la station pour prendre un autre train.

Ils arrivent au Louvre. L'entrée est gratuite pour les moins de dix-huit ans et ils ne doivent même pas avoir des billets. Les parapluies, et d'autres choses trop grandes, doivent rester à la consigne. Julie laisse son parapluie. Ils voient deux statues célèbres, *la Victoire de Samothrace* et *la Vénus de Milo*. Ils voient beaucoup de tableaux. Finalement ils regardent *la Joconde,* qui est très célèbre. Ils parlent de son identité mystérieuse et de l'origine de son nom en français. Ensuite ils rentrent.

Maintenant que Julie a appris le français, elle écrit une lettre à sa grand-mère en français. Sa grand-mère est née en France, mais elle vit maintenant aux États-Unis. Pour envoyer la lettre, Julie et Marc vont à la poste. Ils font la queue et ensuite Julie envoie sa lettre. La lettre va arriver dans à peu près une semaine. Marc et Julie vont à la pâtisserie prendre une glace. Ils pensent que la grand-mère de Julie va être contente. Julie est contente aussi de pouvoir écrire et parler à sa grand-mère en français.

Answer in complete sentences.

1. Julie et Marc vont où avant d'aller au rendez-vous?
2. Que veut dire l'expression «mon vieux»?
3. Que fait le pharmacien pour Julie?
4. Ils vont où pour prendre une glace?
5. Ils ratent le premier train pourquoi? Qu'est-ce qu'ils font?
6. Quelles sont les deux statues célèbres qu'ils voient?
7. Pourquoi Julie écrit-elle à sa grand-mère en français?
8. Pourquoi Julie est-elle contente?

Un résumé de la première partie

1. Écrivez la lettre de Julie à sa grand-mère. C'est une lettre qui dit ce qu'elle a appris en France et ses impressions de la France.
2. Écrivez et présentez un dialogue original entre Marc et Julie.
3. Écrivez une explication de quelque chose que vous avez appris, par exemple des règles de la langue française, comment prendre le métro ou comment envoyer une lettre.

Mots croisés 4

Fill in the crossword by completing the sentences below.

Horizontalement

2. Julie achète un _____ pour prendre le métro.
6. Il y a beaucoup de monde. Il faut faire la _____.
7. Ils prennent l'escalier pour _____ au quai.
9. Samothrace est une _____ en mer Égée.
10. Voici des _____. Vous en prenez une toutes les quatre heures.

Verticalement

1. L'entrée est _____ pour les moins de dix-huit ans.
3. Avant d'aller au rendez-vous, Marc va _____ le coiffeur.
4. Les statues sont magnifiques, mais il faut aussi voir les _____.
5. Les musées sont _____ tous les jours, sauf le mardi.
7. On sait que *la Vénus de Milo* est une _____ par sa taille et son attitude.
8. Ils vont à la _____ de métro.

Deuxième partie

Les grandes figures de l'histoire

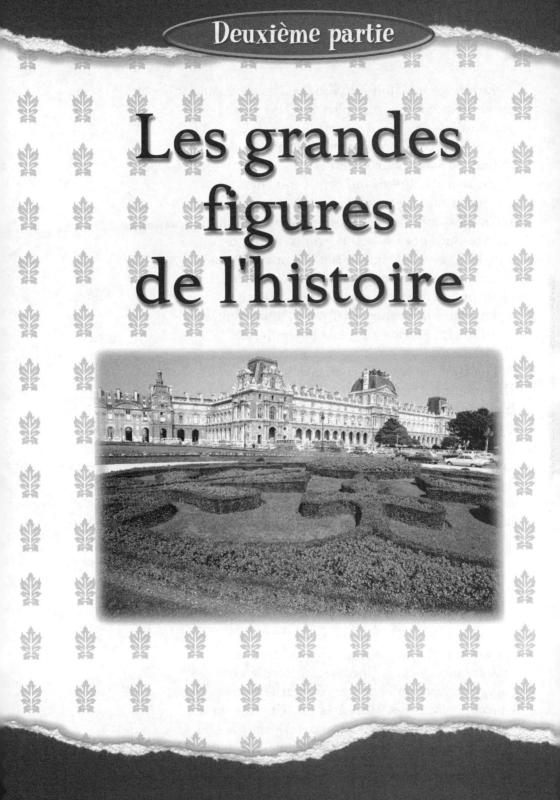

1 Vercingétorix

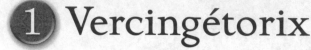

Les livres d'histoire de France commencent généralement par cette phrase: «Nos ancêtres, les Gaulois... »

Qui sont ces Gaulois que les Français sont si fiers° d'avoir pour ancêtres?

fiers *proud*

Ce sont des Celtes qui sont venus des plaines d'Europe centrale et qui se sont mélangés° avec les peuples qui étaient déjà là. La présence des Celtes en France remonte à l'an 1200 avant Jésus-Christ. Ils ont continué à arriver jusqu'à l'an 400 avant Jésus-Christ, et ils ont couvert presque tout ce qui est aujourd'hui la France. Ces gens s'appellent les Gaulois. La France s'appelle la Gaule, et Paris, Lutèce.

mélangés *mixed*

Les Gaulois ont une civilisation guerrière°. Ils aiment les batailles°, et ils aiment aussi bien boire et bien manger. Les Gaulois sont très avancés en agriculture et en artisanat°.

guerrière *warrior*
batailles *battles*
artisanat *arts and crafts*

En l'an 58 avant Jésus-Christ, Jules César envahit° la Gaule avec une armée disciplinée. Les Gaulois avaient l'habitude de se disputer entre eux, mais ils se battent° ensemble pour la première fois contre les Romains. Ils choisissent pour chef un jeune homme nommé Vercingétorix, du pays d'Auvergne. L'Auvergne est une région montagneuse au milieu de la France.

envahit *invades*

se battent *fight*

Vercingétorix est le premier héros national français. Les Gaulois, unis autour de° lui, résistent à César. Ils gagnent une grande victoire sur César à Gergovie, une ville en Auvergne près de ce qui est aujourd'hui Clermont-Ferrand. Mais à la fin, Vercingétorix est encerclé dans sa forteresse à Alésia près de ce qui est aujourd'hui la ville d'Alise-Sainte-

autour de *around*

Reine dans le département de la Côte d'Or.
Les Gaulois résistent pendant plusieurs mois.
Finalement, les soldats gaulois commencent à
mourir° de faim et Vercingétorix est obligé de
se rendre° pour sauver ses soldats.

mourir *die*

se rendre *to surrender*

Il sort de la forteresse et vient jeter° ses
armes aux pieds de César, son vainqueur.
Après cette victoire, Jules César retourne à
Rome triomphant, avec Vercingétorix enchaîné
derrière son char°. Il le garde pendant six ans,
puis, il le fait exécuter.

jeter *to throw*

char *cart*

Vercingétorix est célèbre pour son héroïsme.
Il s'est sacrifié pour sauver la vie de ses
soldats. Les Français honorent encore son nom
aujourd'hui et considèrent que leur histoire
prend forme à partir du jour où il s'est rendu à
Alésia, en l'an 52 avant Jésus-Christ.

Après la lecture

Répondez en faisant des phrases complètes.

1. Comment s'appellent les Celtes et les autres peuples de Gaule?
2. Quels sont trois caractéristiques de cette civilisation?
3. Contre qui les Gaulois se battent-ils ensemble pour la première fois?
4. Qui est leur chef et d'où vient-il?
5. Qu'est-ce qui se passe à Gergovie?
6. Qu'est-ce que Vercingétorix a été obligé de faire à Alésia?
7. Pourquoi est-ce que les Français l'admirent et le respectent?

2 Clovis, le premier roi des Francs

Cinq siècles après la première invasion romaine, Attila et les Huns, un peuple nomade de l'Asie, envahissent la Gaule. Ils sont attirés° par la richesse du pays, et ils veulent piller° les villes gauloises.

attirés *drawn*
piller *to pillage*

Ce sont des hommes terribles qui ont conquis beaucoup de terres. Les Gaulois sont incapables d'arrêter les Huns. Attila et ses guerriers semblent prêts à piller Paris. Mais Geneviève, une jeune femme pieuse°, encourage les habitants de Paris à prier° et leur dit de ne pas s'enfuir°. Les Huns décident de changer de direction, et la ville de Paris est sauvée. Depuis ce jour, elle est appelée sainte Geneviève, patronne de Paris.

pieuse *pious*
prier *pray*
s'enfuir *to flee*

En l'an 450, il y avait trois peuples en France: les Francs au nord, les Burgondes à l'est, et les Wisigoths au sud et à l'ouest. Peu à peu, les Francs réussissent à s'emparer° de tout le pays. Le mot «franc» signifie «homme libre».

s'emparer *seizing*

Clovis, le roi des Francs, épouse une princesse chrétienne. Cette princesse, Clotilde, veut le convertir au christianisme, mais il refuse. Pendant la bataille de Tolbiac qu'il a presque perdue, dans un moment de désespoir° il prie le Dieu de Clotilde de venir à son aide. Il lui promet de se convertir s'il remporte la victoire.

désespoir *despair*

Il gagne la bataille et, fidèle à sa promesse, il se fait baptiser à Reims. En même temps que lui, trois mille de ses soldats sont baptisés et deviennent chrétiens.

Après sa victoire sur les Wisigoths, Clovis est maître de presque tout le pays. Il est le premier roi de toute la Gaule, et il établit° la première dynastie en France: la dynastie mérovingienne. Ses fils réussissent aussi à prendre le territoire des Burgondes.

établit *establishes*

Les rois qui succèdent à Clovis sont paresseux°. On les a appelés «les rois fainéants°». Ils laissaient les maires du palais° gouverner à leur place.

paresseux *lazy*

fainéants *idlers*
maires du palais *mayors of the palace (chief officers of the royal household)*

Quand les Arabes, venus d'Afrique et d'Espagne, veulent envahir la Gaule, Charles Martel est le maire du palais. On l'a surnommé «le marteau» parce qu'il a battu les Arabes rapidement et violemment, comme un coup de marteau.

Son fils, appelé Pépin le Bref à cause de sa petite taille, lui a succédé. Charles Martel était traité comme un roi, et Pépin s'est proclamé officiellement roi. Il a épousé Berthe au Grand Pied, une princesse appelée ainsi parce qu'un de ses pieds était plus grand que l'autre.

Leur fils Charles est connu dans l'histoire sous le nom de Charlemagne, ce qui signifie Charles le Grand.

Après la lecture

Choisissez la bonne réponse.

1. Attila et les Huns veulent _____.
   a. arrêter les Gaulois
   b. piller les villes
   c. unir le pays

2. Les _____ réussissent à s'emparer de tout le pays.
   a. Francs
   b. Wisigoths
   c. Burgondes

3. Quand Clovis a presque perdu la bataille de Tolbiac, il a _____.
   a. parlé à Clotilde
   b. laissé le maire du palais gouverner
   c. prié au Dieu de Clotilde

4. Les rois fainéants sont _____.
   a. des guerriers
   b. petits
   c. paresseux

5. Charles Martel est _____.
   a. un roi
   b. traité comme un roi
   c. un roi fainéant

3 Charlemagne et son empire

❧ ❧ ❧ ❧ ❧ ❧ ❧ ❧ ❧ ❧ ❧ ❧ ❧ ❧ ❧

Quand on demande à un jeune élève français: «Qui était Charlemagne?» généralement, sa réponse est: «C'est le type° qui a inventé l'école!» Il est vrai que Charlemagne a créé de nombreuses écoles. Il a beaucoup contribué à la civilisation de la France et de l'Europe.

type *guy*

Eginhard, son secrétaire, l'a décrit de la façon suivante: «Il était large, solide et grand; sa taille égalait° sept fois la longueur de son pied; il avait le haut de la tête rond, les yeux grands et vifs, le nez un peu plus grand que la moyenne°, les cheveux blancs, l'air gai et de bonne humeur: tout cela lui donnait, assis ou debout, beaucoup d'autorité et de dignité.»

égalait *equaled*

moyenne *average*

Charlemagne ne sait pas écrire mais il s'intéresse beaucoup à l'instruction. Les savants de beaucoup de pays viennent à sa cour. Le plus célèbre est Alcuin, un savant d'Angleterre, qui l'aide à fonder une école au palais. Alcuin donnait aussi des leçons à Charlemagne.

Charlemagne demande aux prêtres d'ouvrir des écoles gratuites. «Je veux, dit-il, une école près de chaque église.» Tous les enfants devaient apprendre à lire, à écrire et à compter.

Charlemagne s'intéresse aux arts et à la littérature. Il encourage aussi les moines° à recopier et à illustrer les livres les plus connus de l'Antiquité latine. C'est pourquoi il existe encore de nos jours beaucoup de ces textes anciens.

moines *monks*

Il est aussi un grand guerrier. Il crée un empire immense composé de la France, de l'Allemagne et de l'Italie.

En l'an 800, il va à Rome, ville du pape, pour aider le pape qui est menacé par une rébellion. Pour lui montrer sa reconnaissance, le pape le couronne° empereur, c'est-à-dire successeur des anciens empereurs romains. Cet événement° se passe le jour de Noël dans l'église de Saint-Pierre à Rome.

couronne *crowns*

événement *event*

Charlemagne vit au palais d'Aix-la-Chapelle, parce que c'est un point assez central. Il ne voulait pas être trop loin d'aucune partie de son empire.

Il est roi pendant quarante-six ans. Il meurt à l'âge de soixante-douze ans et est enterré° dans l'église d'Aix-la-Chapelle.

enterré *buried*

Après la lecture

Répondez en faisant des phrases complètes.

1. Est-ce que Charlemagne était grand?
2. Qu'est-ce qu'il ne savait pas faire?
3. À quoi s'intéressait-il?
4. Qu'est-ce que tous les enfants devaient apprendre?
5. Qu'est-ce qu'il demande aux moines de faire?
6. Quels pays faisaient partie de l'empire de Charlemagne?
7. Pourquoi est-ce que le pape couronne Charlemagne empereur?
8. Pourquoi est-ce que Charlemagne vit à Aix-la-Chapelle?

4 Guillaume le Conquérant

Après la mort de Charlemagne, son fils Louis Ier règne sur l'empire. Ensuite, Louis Ier a trois fils qui se battent pour l'empire. Après la mort de Louis Ier, les trois frères signent le traité° de Verdun, qui divise l'empire en trois.

traité *treaty*

L'aîné°, Lothaire, garde le titre d'empereur. Il prend les pays du Rhin et les Alpes, la Provence et l'Italie. Le deuxième, Louis, prend la Germanie. Le plus jeune, Charles, reçoit le territoire qui constitue la Gaule.

aîné *oldest*

Le traité de Verdun est quelquefois considéré comme la naissance° de la France, mais le pays a bien sûr changé par la suite°.

naissance *birth*

par la suite *afterwards*

Peu de temps après la mort de Charlemagne, il y a de nouvelles invasions. La plus importante est celle des Vikings, des hommes du Nord qu'on appelle *Northmen* en anglais. De là, on a obtenu le mot «Normand».

Ces Normands étaient d'abord des pirates qui remontaient les fleuves et les rivières et pillaient les églises, les châteaux, les villes et les villages. Le roi de France, Charles le Simple, leur donne la riche province de Normandie pour les apaiser. Ils apprennent rapidement la langue et les coutumes des Français et deviennent d'honnêtes paysans° et de bons commerçants°.

paysans *peasants*

commerçants *merchants*

En 1066, il se produit un événement d'une grande importance historique: un duc puissant° de Normandie, Guillaume le Conquérant, envahit l'Angleterre. Harold, le roi d'Angleterre, est battu° et tué° à la bataille de Hastings. Après cette victoire Guillaume le Conquérant se fait couronner roi d'Angleterre.

puissant *powerful*

battu *beaten*
tué *killed*

Les conséquences de cette invasion de l'Angleterre sont considérables. Beaucoup d'Anglais adoptent la langue et les coutumes de leurs vainqueurs. Pendant longtemps après, on ne parle que le français à la cour et dans la haute société d'Angleterre. Un grand nombre de mots français sont restés dans la langue anglaise. Mais un autre résultat de cette invasion est une succession de guerres entre la France et l'Angleterre.

Les rois d'Angleterre, descendants de Guillaume le Conquérant, possèdent beaucoup du territoire français. À cause de ce fait, les rois de ces deux pays se sont fait la guerre pendant plusieurs siècles.

Guillaume le Conquérant est enterré en Normandie. Dans le musée de Bayeux, une ville normande, il y a une tapisserie célèbre. Elle s'appelle la tapisserie de la reine Mathilde, femme de Guillaume le Conquérant.

Cette tapisserie mesure soixante-dix mètres de longueur et un mètre de largeur. Elle représente le débarquement des Normands en Angleterre et toute l'histoire de Guillaume le Conquérant et de la conquête° de l'Angleterre.

conquête *conquest*

Après la lecture

Répondez en faisant des phrases complètes.

1. Quel territoire reçoit le plus jeune fils de Louis Ier?
2. Quel peuple a envahi la France après la mort de Charlemagne?
3. Quel territoire est donné aux Normands?
4. Quel événement important a lieu en l'an 1066?
5. Pourquoi est-ce que la France et l'Angleterre se sont fait la guerre pendant longtemps?
6. Où est enterré Guillaume le Conquérant?
7. Qu'est-ce que la tapisserie de la reine Mathilde représente?

5 Le roi saint Louis

Louis IX, connu dans l'histoire sous le nom de saint Louis, a douze ans quand son père, Louis VIII, meurt. Sa mère, Blanche de Castille, gouverne le pays à sa place jusqu'au jour de sa majorité°.

majorité *adulthood*

Saint Louis est un roi très respecté. Les artistes de son époque° le représentent presque toujours avec une couronne et un cercle autour de la tête. Il est célèbre pour sa bonté° et ses jugements. L'hiver, il rend la justice dans son palais. L'été, il s'installe sous un grand chêne° dans la forêt de Vincennes, près de Paris.

époque *era*

bonté *kindness*

chêne *oak tree*

Le palais du roi est sur l'île de la Cité, à l'endroit° où se trouve maintenant le Palais de Justice de Paris. C'est là où Saint-Louis a fait construire la Sainte-Chapelle, à côté du palais royal. Cette église est un chef-d'œuvre de l'architecture gothique.

La Sorbonne, qui est aujourd'hui une université très célèbre à Paris, est construite par Robert de Sorbon sous son règne. Au début c'était un collège de seize étudiants de théologie.

Les jours de grandes fêtes, saint Louis reçoit les pauvres et les malades dans son palais. C'est un roi charitable. On raconte que «partout où le roi allait, cent vingt pauvres étaient toujours nourris° dans sa maison, de pain, de viande ou de poisson chaque jour. Souvent le roi les servait lui-même et leur donnait de l'argent au départ.»

Son rêve est de reconquérir Jérusalem pour les chrétiens. Jérusalem est une ville très disputée, considérée «la Terre Sainte°» de trois religions. En 1244 les musulmans° ont repris Jérusalem des mains des chrétiens. Louis organise deux croisades°, mais elles finissent mal. Lors de° la première croisade, il est fait prisonnier en Égypte, et lors de la seconde, en 1270, il meurt d'une maladie en Afrique du Nord, près de Tunis.

Le but° des croisés°, de conquérir Jérusalem, n'a jamais été accompli. Les croisades ont eu des conséquences importantes. Elles ont été une des forces qui ont contribué au développement du commerce entre l'Orient° et l'Occident°.

endroit *place*

nourris *fed*

Terre Sainte *Holy Land*
musulmans *Muslims*

croisades *crusades*
Lors de *During*

but *goal*
croisés *crusaders*

l'Orient *the East*
l'Occident *the West*

Les croisés et bien d'autres Européens sont
fascinés par les objets précieux, les étoffes°, les
fruits et les épices° d'Orient. En cherchant une
meilleure route vers l'Inde, Christophe Colomb
fait son premier voyage en Amérique. Les
croisades font partie du début de l'expansion
de l'Europe aux autres parties du monde.

étoffes *fabrics*

épices *spices*

Après la lecture

Répondez en faisant des phrases complètes.

1. Qui a gouverné la France avant la majorité de saint
   Louis?
2. Pourquoi saint Louis est-il célèbre?
3. Quelle université célèbre est construite sous le règne de
   saint Louis?
4. Que fait saint Louis pour les pauvres?
5. Pourquoi est-ce que saint Louis organise des croisades?
6. Par quels produits d'Orient les Européens étaient-ils
   fascinés?
7. Qu'est-ce que Christophe Colomb cherchait quand il a fait
   son premier voyage en Amérique?

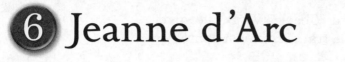 6 Jeanne d'Arc

❧ ❧ ❧ ❧ ❧ ❧ ❧ ❧ ❧ ❧ ❧ ❧ ❧ ❧ ❧ ❧

En 1340, soixante-dix ans après la mort de saint Louis, le roi d'Angleterre, Édouard III, veut succéder au dernier roi de France, mort sans enfant. C'est le début d'une longue guerre entre la France et l'Angleterre. Cette guerre s'appelle la guerre de Cent Ans.

En 1392, le roi de France, Charles VI, devient fou°. Sa femme, Isabeau de Bavière, gouverne à sa place. Il y a alors deux papes°, un à Avignon et un autre à Rome. Les Français, un peuple très religieux, pensent que la folie° du roi est une punition° de Dieu pour ce désordre° dans l'Église. Donc, l'Université de Paris, la grande puissance intellectuelle de la France, propose une solution: la démission° volontaire des deux papes. La solution ne marche pas à cause du conflit entre les ducs°.

Le conflit fait partie de l'intrigue entre Louis, duc d'Orléans et frère du roi, et Philippe, duc de Bourgogne, son oncle. Tous deux veulent de l'argent, du prestige et de l'influence sur le roi et ils se disputent pendant vingt ans. Le fils de Philippe est Jean sans Peur qui continue le conflit. Jean sans Peur fait assassiner le duc d'Orléans en 1407.

La France est encore en guerre avec les Anglais, qui profitent de ce désordre. Les Anglais font une alliance avec les Bourguignons. En 1415 les Français subissent° une défaite humiliante à la bataille d'Azincourt. En 1420 les Anglais forcent Charles VI, qui est encore fou, à signer le traité de Troyes. Ce traité déshérite° le fils de Charles VI et reconnaît le roi d'Angleterre

fou *crazy*

papes *popes*

folie *madness*
punition *punishment*
désordre *disorder*

démission *resignation*

ducs *dukes*

subissent *suffer*

déshérite *disinherits*

comme l'héritier de Charles VI. Beaucoup de gens disent que le traité est injuste parce que le roi est fou.

À la mort de Charles VI, il y a donc deux rois en France: le roi d'Angleterre, et le fils de Charles VI qui lui aussi se proclame roi.

Les Anglais occupent alors une grande partie de la France, y compris° les villes de Paris, Reims et Bordeaux. Charles VII ne règne que dans la partie de la France qui est au sud de la Loire. Sa capitale est Bourges, une petite ville juste au sud de la Loire.

y compris *including*

C'est alors que Jeanne d'Arc apparaît°. Cette jeune fille de Domrémy, un village de la Lorraine, est persuadée d'avoir entendu des voix qui lui ont ordonné de chasser les Anglais hors de° France. Jeanne va voir le roi.

apparaît *appears*

hors de *outside*

Charles VII est un homme faible° et irrésolu. Il a peur d'attaquer les Anglais. Jeanne a pu le convaincre° et il la nomme chef de guerre. Elle a inspiré l'armée, et aussitôt la situation change: les soldats français reprennent courage et deviennent victorieux.

faible *weak*

convaincre *to convince*

Jeanne force les Anglais à abandonner Orléans. Après cette victoire, elle conduit Charles VII à Reims et le fait couronner roi de France.

Ensuite, elle continue la guerre pour libérer entièrement son pays, mais à la bataille de Compiègne, les Bourguignons la font prisonnière. Ils la vendent aux Anglais qui l'emmènent à Rouen. Là, elle est accusée d'être une sorcière°, jugée et brûlée° sur la place du Vieux Marché.

sorcière *witch*
brûlée *burned*

La guerre de Cent Ans se termine quelques années après la mort de Jeanne d'Arc. Les Anglais sont finalement chassés de France.

Jeanne d'Arc reste la plus célèbre des héroïnes nationales.

Après la lecture

Répondez en faisant des phrases complètes.

1. Qu'est-ce qu'Édouard III veut faire?
2. Qui devient fou?
3. Comment les Français expliquent-ils la folie du roi?
4. Que voulaient le duc d'Orléans et le duc de Bourgogne?
5. Que fait Jean sans Peur?
6. Avec qui les Anglais ont-ils une alliance?
7. Que dit le traité de Troyes?
8. Pourquoi est-ce que Jeanne d'Arc va voir le roi?
9. Pourquoi est-elle célèbre?

7 Louis XI unifie le royaume

Le fils de Charles VII, Louis XI, n'a pas un beau visage°. Aussi, il vit et s'habille simplement et n'a pas l'air d'un roi. Il porte un bonnet qui lui donne un air modeste. C'est pourtant un grand roi.

visage *face*

C'est un homme énergique, rusé° et habile° en diplomatie. Il a pour conseillers des gens modestes, son barbier et un de ses espions°. Il veut savoir tout ce qui se passe dans son royaume et aime se promener dans les rues et s'arrêter aux boutiques des marchands.

Après la guerre de Cent Ans, la France est très pauvre mais elle redevient prospère. Les paysans commencent à produire plus de produits agricoles° et il y a une bonne abondance de nourriture° en France. Les villes deviennent de nouveaux centres économiques. Lyon en particulier devient un centre financier et un grand marché de tissus°. Lyon est encore célèbre pour la production de la soie°.

Louis XI est ambitieux: il veut unifier son royaume. Plusieurs seigneurs° refusent de se soumettre à l'autorité du roi. Le plus puissant de ces seigneurs est Charles le Téméraire°, duc de Bourgogne, qui veut agrandir son duché et prendre la Champagne et la Lorraine qui dépendent de l'empire allemand.

Louis XI, habile diplomate, décide de ne pas faire lui-même la guerre à Charles le Téméraire, mais de le faire attaquer par les Suisses et le duc de Lorraine. Charles le Téméraire est vaincu° et tué en essayant de prendre Nancy, capitale de la Lorraine. Après sa mort, Louis XI négocie pour obtenir la Bourgogne et la Lorraine. Il fait aussi l'acquisition de la Provence grâce à un héritage.

Après la mort de Louis XI, le royaume est uni, à l'exception du duché de Bretagne. Le fils de Louis XI, Charles VIII, épouse Anne, la duchesse de Bretagne, et ainsi l'unification de la France est accomplie.

Avec le règne de Louis XI se termine la période de l'histoire qu'on appelle le Moyen Âge.

rusé *cunning*
habile *clever*

espions *spies*

produits agricoles *agricultural products*
nourriture *food*

tissus *fabrics*

soie *silk*

seigneurs *nobles*

Téméraire *Reckless*

vaincu *defeated*

Choisissez la bonne réponse.

1. Louis XI n'est pas _____.
   a. beau
   b. modeste
   c. intelligent

2. Mais Louis XI est _____.
   a. paresseux
   b. un grand roi
   c. beau

3. Lyon est célèbre pour _____.
   a. les produits agricoles
   b. les bonnets
   c. la soie

4. Charles le Téméraire veut _____.
   a. faire l'acquisition de la Bourgogne
   b. se soumettre à l'autorité du roi
   c. agrandir son duché

5. Louis XI gagne la Bourgogne _____.
   a. grâce à des négociations
   b. après avoir gagné une bataille
   c. en se mariant

Révision 1

Les Français considèrent les Gaulois comme leurs ancêtres. Les Celtes sont venus des plaines de l'Europe centrale et se sont mélangés avec d'autres peuples qui étaient déjà là. Les Gaulois sont des guerriers. Jules César envahit la Gaule et les Gaulois s'unissent derrière Vercingétorix pour résister aux Romains. Vercingétorix remporte des victoires mais il est vaincu à Alésia. Vercingétorix est le premier héros national français parce qu'il s'est rendu pour sauver ses soldats.

Après les Romains, les Francs dominent la Gaule, et ils conquissent tout le pays. Clovis, le roi des Francs, prie au Dieu de sa femme au cours d'une bataille difficile. Quand il gagne la bataille, lui et ses soldats se convertissent à cette religion, le christianisme. Il est le premier roi de toute la Gaule. Les rois qui le succèdent sont paresseux et leurs maires du palais gouvernent. Charles Martel est un maire du palais qui est devenu comme un roi. Son fils, Pépin le Bref, se proclame roi. Un des fils de Pépin est connu dans l'histoire sous le nom de Charlemagne.

Charlemagne règne sur un grand empire, réunissant la France, l'Allemagne et l'Italie. Il crée aussi des écoles. Il s'intéresse à l'éducation. À cause de l'aide qu'il apporte au pape, Charlemagne est couronné empereur. Après sa mort ses petits-fils divisent cet empire en trois.

Les hommes du nord envahissent la France, et le roi Charles le Simple leur donne la Normandie pour les apaiser. En 1066 le duc de Normandie, Guillaume le Conquérant, envahit l'Angleterre. Il tue le roi et est couronné roi d'Angleterre. À cause de cette invasion, les Anglais et les Français pensent qu'ils ont droit à la même terre, et ils se font la guerre pendant des siècles.

Louis IX est célèbre pour ses jugements et sa charité aux pauvres. On l'appelle saint Louis. Il a mené deux croisades, mais elles n'ont pas réussi. Il est mort pendant sa deuxième croisade. Les croisades font partie du début de l'expansion de l'Europe vers d'autres parties du monde.

La guerre de Cent Ans a commencé parce que le roi d'Angleterre veut devenir roi de France aussi. Le roi de France, qui est fou, donne son héritage au roi d'Angleterre. Il y a donc deux rois de France. Le vrai roi, Charles VII, est faible et ne veut pas attaquer les Anglais, mais lui et son armée sont inspirés par Jeanne d'Arc, une jeune femme qui croit avoir entendu des voix qui lui ont dit de forcer les Anglais hors de France. Charles VII la proclame son chef de guerre. Finalement, elle est arrêtée et brûlée par les Anglais, mais peu de temps après, la France est victorieuse. Pour cela Jeanne d'Arc est une héroïne nationale.

Après la lecture

Choisissez la bonne réponse.

1. Les Gaulois s'unissent derrière _____ pour battre les Romains.
   a. Jules César
   b. Vercingétorix
   c. Clovis
2. Après Clovis, les rois sont paresseux et _____ gouverne.
   a. le maire du palais
   b. les Romains
   c. le peuple
3. Charlemagne est couronné _____.
   a. empereur parce qu'il a aidé le pape
   b. roi parce qu'il est paresseux
   c. le conquérant parce qu'il a tué le roi
4. Saint Louis est célèbre parce qu'il a _____.
   a. gagné des victoires pendant les croisades
   b. conquis beaucoup de terres
   c. été un roi charitable
5. Jeanne d'Arc veut _____.
   a. chasser les Anglais hors de France
   b. régner sur la France
   c. avoir peur des Anglais

8 François Ier et la Renaissance

Pendant les années suivantes, les mariages des rois jouent un rôle important dans l'histoire de la France.

Charles VIII meurt sans enfant et son cousin Louis XII lui succède. Il épouse d'abord Jeanne, fille de Louis XI, puis annule ce mariage pour épouser Anne de Bretagne, veuve° de Charles VIII, parce qu'il pense que la Bretagne doit rester française.

veuve *widow*

À la mort de la duchesse Anne, la Bretagne revient à sa fille Claude. François Ier succède à son oncle Louis XII et épouse Claude. Ainsi la Bretagne est rattachée à la France pour la troisième fois.

François Ier fait la guerre contre Charles Quint, empereur d'Allemagne et roi d'Espagne. Après la défaite de Pavie où il est battu par les Espagnols, il est fait prisonnier. Il doit payer beaucoup d'argent pour être libéré. Une fois libéré, il recommence la guerre.

Les rois de France Charles VIII, Louis XII et François Ier font la guerre à l'Italie. Ils veulent conquérir le royaume de Naples et le duché de Milan. Les guerres d'Italie durent soixante ans. Ces expéditions militaires ne réussissent pas, mais elles mènent à la Renaissance française.

En France, les châteaux étaient toujours sombres et sans décors, mais quand les seigneurs français voient les palais de marbre splendides où habitent les seigneurs italiens, ils veulent les imiter.

François Ier invite des architectes italiens à venir en France. Bientôt, ils produisent de grandes œuvres° d'art, et ainsi la Renaissance commence à fleurir° en France.

œuvres *works*
fleurir *to flourish*

On peut voir l'influence italienne dans la construction des châteaux de la Loire. C'est François Ier qui a fait construire le château de Chambord et le château de Fontainebleau, près de Paris.

François Ier est un homme qui aime le luxe°, **luxe** *luxury*
et qui aime bien vivre et bien manger. Il a une
cour importante et organise de grandes fêtes.
Il y avait plusieurs milliers de courtisans à sa
cour.

La cour est toujours en voyage parce que le
roi aime la chasse°. Pour cela, il va de château **chasse** *hunting*
en château et il a plus de douze mille chevaux
pour ces voyages.

François Ier s'intéresse aussi à l'éducation et
à la littérature. Rabelais est le grand écrivain
de l'époque.

C'est sous le règne de François Ier que
Jacques Cartier, un explorateur français, a
remonté° le fleuve Saint-Laurent au Canada **remonté** *went up*
jusqu'à la future ville de Montréal.

Après la lecture

Répondez en faisant des phrases complètes.

1. Qu'est-ce que les rois français veulent accomplir en
   faisant la guerre à l'Italie?
2. Est-ce qu'ils ont réussi?
3. Quel aspect de la vie des seigneurs italiens les seigneurs
   français veulent-ils imiter?
4. Comment s'appelle la période qui commence quand les
   architectes et les artistes italiens viennent en France?
5. Qu'est-ce que François Ier fait construire?
6. Où est allé Jacques Cartier?

9 Henri IV et les guerres de Religion

Henri II, le fils de François Ier, épouse Catherine de Médicis, une femme très puissante. En 1559, il meurt dans un accident en jouant dans un tournoi de joute°. Ensuite, ses trois fils se succèdent comme rois de France. L'aîné, François II, ne règne qu'une année. Charles IX règne ensuite. D'abord sa mère, Catherine de Médicis, est régente pour lui. Charles IX règne jusqu'en 1574. À sa mort, son frère, Henri III, devient roi et règne jusqu'en 1589.

Pendant tout ce temps se passent les guerres de Religion, un grand conflit entre les catholiques et les protestants, appelés aussi les huguenots ou les réformés. Martin Luther commence la Réforme en Allemagne et Jean Calvin en France. En 1560, à peu près dix pour cent° des Français sont protestants. Ils sont persécutés par les catholiques et ensuite il y a hostilités, batailles et massacres entre protestants et catholiques.

Le plus horrible épisode des guerres de Religion, le massacre de la Saint-Barthélemy, a lieu sous Charles IX, en 1572. Pendant la nuit du vingt-trois août, plusieurs milliers° de protestants sont massacrés à Paris.

Henri III essaie de rétablir la paix, mais il n'y arrive pas.

Les catholiques créent une association appelée la Ligue. Leur chef est le duc de Guise. Les protestants prennent pour chef Henri de Navarre, cousin d'Henri III. Henri de Navarre est le roi d'un petit pays dans les Pyrénées, au sud de la France.

tournoi de joute *jousting tournament*

dix pour cent *ten percent*

milliers *thousands*

Henri III s'allie d'abord aux catholiques mais comme leur chef, le duc de Guise, devient trop puissant, il le fait assassiner.

Aussitôt une révolte éclate° à Paris contre Henri III, qui s'enfuit de Paris. Pour se sauver, il se réconcilie avec Henri de Navarre, son cousin. Henri III est à son tour assassiné par un moine fanatique.

éclate *breaks out*

Henri de Navarre, qui est protestant, succède à Henri III. Il se bat pendant cinq ans contre les catholiques qui ne voulaient pas l'accepter pour roi. Finalement, pour mettre fin aux misères des guerres civiles, Henri de Navarre se convertit au catholicisme.

Après sa conversion, le peuple l'accepte pour roi sous le nom d'Henri IV.

Le règne d'Henri IV est une période de prospérité pour la France. Avec son ministre Sully, il veut rendre les paysans plus heureux. Il réduit leurs taxes et ils peuvent ainsi reconstruire° leurs maisons et acheter de nouveaux instruments agricoles. Il est légendaire pour avoir dit que tous les dimanches, il veut «une poule° au pot» pour chaque famille. Cela veut dire que tous les Français auraient assez de nourriture.

reconstruire *rebuild*

poule *chicken*

Le roi encourage aussi le commerce. Il fait construire des routes et un canal entre la Loire et la Seine. Il crée de nouvelles industries et une flotte marchande. Le roi soutient Samuel de Champlain, un explorateur français qui va au Canada et fonde la ville de Québec sur les bordes du fleuve Saint-Laurent. Il encourage également la colonisation française du Canada.

Henri IV défend les droits des protestants. Il fait proclamer la fameuse loi qu'on appelle l'édit° de Nantes. Cet édit autorise les protestants à vivre librement en France et à pratiquer leur religion. Cette loi proclame, pour la première fois dans l'histoire, la tolérance religieuse.

édit *edict*

Tous les Français, les paysans surtout, aiment beaucoup ce roi. Il est souvent appelé «le bon roi » ou «le grand roi». Malheureusement pour la France, son règne ne dure que seize ans. Il est assassiné par Ravaillac, un fanatique qui l'accuse d'être resté l'ami des protestants.

Henri IV était un roi très regretté par le peuple. Il a été très populaire parce qu'il avait les qualités qui sont, dans la pensée du peuple, les traits d'un bon Français. Il savait jouer le rôle d'un grand seigneur quand cela

lui plaisait, et porter la couronne de France
avec dignité et politesse, mais il était aussi
plein de bonne humeur, de camaraderie et
d'énergie.

Henri IV a été un roi très populaire.

Après la lecture

Répondez en faisant des phrases complètes.

1. Quels sont les trois rois de France qui étaient frères?
2. Qui participe aux guerres de religion?
3. Qu'est-ce qu'Henri III a fait pour provoquer une révolte à Paris?
4. Qui est le successeur d'Henri III, et quelle est sa religion?
5. Pourquoi est-ce qu'il se convertit?
6. Qu'est-ce que ce roi veut pour chaque famille tous les dimanches?
7. Quelle ville Samuel de Champlain a-t-il fondée? Sur les bordes de quel fleuve? Dans quel futur pays?
8. Qu'est-ce que l'édit de Nantes proclame pour la première fois?
9. Qu'est-ce qu'Henri IV exemplifie dans la pensée du peuple?

10 Louis XIII et Richelieu

❧ ❧ ❧ ❧ ❧ ❧ ❧ ❧ ❧ ❧ ❧ ❧ ❧ ❧ ❧ ❧

Le fils d'Henri IV, Louis XIII, a onze ans à
la mort de son père. Sa mère, Marie de
Médicis, gouverne le royaume jusqu'à sa
majorité. Pendant la régence de Marie de
Médicis, les nobles et les protestants se
révoltent de nouveau, et quand Louis XIII
devient roi à sa majorité, ils résistent à son
autorité.

Louis XIII prend pour ministre le cardinal
de Richelieu. Richelieu est un homme d'État° **homme d'État** *statesman*
habile. Sa politique est qu'il faut respecter le
roi et lui obéir. Il rapproche° la monarchie **rapproche** *brings closer*
française à l'absolutisme. À cause de lui, le roi
devient un roi tout puissant°. **tout puissant** *all powerful*

L'édit de Nantes donne aux protestants le
droit de se protéger° dans certaines villes, **se protéger** *to protect themselves*
mais Louis XIII attaque ces villes. La dernière
ville protestante à résister est La Rochelle.
Louis XIII et Richelieu envoient une armée et
assiègent° la ville pendant un an. Après la **assiègent** *besiege*
capitulation° des protestants à La Rochelle, **capitulation** *surrender*
Richelieu ne les a plus attaqués. Il a fait des
alliances avec les protestants dans d'autres
pays quand cela servait ses fins°. **fins** *ends*

Les seigneurs détestent Richelieu, parce
qu'il les oblige à obéir au roi. Ils font de
nombreux complots° pour se débarrasser de° **complots** *plots*
lui et ils essaient même de l'assassiner. **se débarrasser de** *to get rid of*
Richelieu fait condamner à mort tous ceux qui
participent à ces complots. Il fait même
exécuter un des plus grands seigneurs du
royaume, le duc de Montmorency, cousin du
roi. Pour affaiblir° les seigneurs et les **affaiblir** *to weaken*
empêcher° de résister à l'autorité du roi, **empêcher** *to prevent*

Richelieu leur interdit° d'avoir des châteaux forts. Il leur interdit aussi de se battre en duel.

interdit *forbids*

L'empire colonial continue à s'agrandir avec les acquisitions de la Martinique et de la Guadeloupe. Saint-Domingue, le futur Haïti, et Cayenne, la future capitale de la Guyane française, deviennent aussi des territoires français.

Ami des lettres, Richelieu fonde l'Académie française. Dans l'histoire, Richelieu est représenté de différentes manières, tantôt° en homme très vilain° tantôt en homme très bon. Quel genre d'homme était-il vraiment?

tantôt now

vilain mean-spirited

Servir le roi et agrandir le prestige et le pouvoir du pays étaient les choses les plus importantes pour lui. Il pouvait accomplir ce qu'il voulait avec une habileté merveilleuse. Quand une occasion se présentait, il la tournait° à son avantage. De toute façon, Richelieu a été un des hommes d'État les plus importants de France.

tournait turned

Après la lecture

Répondez en faisant des phrases complètes.

1. Pourquoi est-ce que Louis XIII prend pour ministre le cardinal Richelieu?
2. Quelle est la politique de Richelieu?
3. Qu'est-ce qui s'est passé à La Rochelle?
4. Qu'est-ce que Richelieu interdit aux seigneurs?
5. Quels territoires deviennent français sous Louis XIII?
6. Est-ce que tout le monde a la même opinion de Richelieu?
7. Quelles étaient les choses les plus importantes pour lui?

11 Louis XIV, le Roi-Soleil

La monarchie devient encore plus absolue sous le règne de Louis XIV. Ce roi est très orgueilleux°. Il pense qu'il est le plus grand roi du monde et il veut être obéi par tout le monde, même par les plus grands seigneurs. Il est connu pour avoir dit: «L'État, c'est moi.»

orgueilleux proud

Il vit tout d'abord au palais du Louvre à Paris, puis il s'installe avec sa cour à Versailles où il fait construire un immense palais. Sous sa direction, des artistes, des architectes et beaucoup d'ouvriers° construisent ce splendide château de Versailles avec son parc, ses beaux jardins et son intérieur très somptueux.

ouvriers workers

Louis XIV y donne des fêtes magnifiques. On l'appelle le Roi-Soleil. Il s'entoure d'une cour très nombreuse, plus de dix mille courtisans. Leur seule occupation est d'honorer et de servir le roi. Chaque courtisan avait un rôle précis à jouer à la cour. Quand le roi se lève, un d'entre eux lui présente sa chemise, un autre sa perruque°, son costume, son chapeau, et ainsi de suite.

perruque wig

Louis XIV n'aime pas les protestants: il révoque l'édit de Nantes. Comme ils n'ont plus le droit de pratiquer leur religion, deux cent mille protestants quittent la France.

Il aime faire la guerre pour agrandir son royaume. La première guerre, contre les Espagnols, donne à la France une partie de la Flandre. Après la seconde guerre, contre la Hollande, la France annexe la Franche-Comté.

Le Roi-Soleil donnait des pensions aux artistes et aux écrivains° et a ainsi encouragé le développement des arts, de la musique, de la littérature et du théâtre. Pendant le dix-septième siècle, un grand nombre d'écrivains ont contribué à l'évolution de la littérature. Par exemple: Corneille, Racine, Molière, Descartes, La Rochefoucauld, Mme de Sévigné, Mme de La Fayette, Boileau, La Fontaine, Pascal et Saint-Simon. C'est une époque où les lettres et les arts ont connu une prospérité exceptionelle.

écrivains *writers*

Pour ses guerres et pour sa cour, le roi a besoin de beaucoup d'argent. Son premier ministre, Colbert, augmente les impôts et est obligé d'emprunter° pour pouvoir payer les dépenses°. Il en résulte une grande misère dans toute la France. Pendant l'hiver de l'an 1709, des centaines de milliers de paysans meurent de faim et de froid.

emprunter *to borrow*

dépenses *expenditures*

C'est aussi sous le règne de Louis XIV que Cavelier de La Salle a exploré la vallée du Mississippi et a fondé la Louisiane.

Après la lecture

Répondez en faisant des phrases complètes.

1. Comment est Louis XIV?
2. Où fait-il construire un palais immense?
3. Quel type de travail les courtisans de la cour de Louis XIV font-ils?
4. Que font beaucoup de protestants après la révocation de l'édit de Nantes?
5. Comment est-ce que Louis XIV a encouragé le développement des artistes?
6. Pourquoi est-ce que le roi a besoin de beaucoup d'argent?
7. Quelles sont les conséquences pour les paysans?

12 La Révolution française

❧ ❧ ❧ ❧ ❧ ❧ ❧ ❧ ❧ ❧ ❧ ❧ ❧ ❧ ❧ ❧

Louis XV

À la mort de Louis XIV, son arrière-petit-fils° devient roi. Louis XV a des goûts° extravagants et aime trop les guerres. Il dit: «Tout cela durera aussi longtemps que moi... Après moi, le déluge.»

arrière-petit-fils *great grandson*
goûts *tastes*

Les deux grandes guerres de Louis XV coûtent cher à la France. Elle perd de l'argent et elle perd aussi son honneur.

Les Français surnomment d'abord Louis XV «le Bien Aimé». Mais peu de temps après, ils changent d'avis et finissent par l'appeler «le Mal-Aimé». À la mort de Louis XV, on est forcé de l'enterrer° la nuit, en secret.

enterrer *to bury*

Louis XVI

Louis XVI est le petit-fils de Louis XV. Il est faible et indécis. Son épouse, Marie-Antoinette, une princesse autrichienne, est belle mais frivole°.

frivole *frivolous*

Dans le pays, le mécontentement du peuple augmente de jour en jour. Les auteurs Voltaire, Rousseau et Montesquieu ont fait ressortir dans leurs œuvres les injustices politiques, sociales et religieuses. Leurs idées ont beaucoup d'influence en France, en Europe, et même en Amérique où les colons anglais se battent pour obtenir leur indépendance de l'Angleterre. Plusieurs jeunes seigneurs français qui croient aux idées démocratiques partent en Amérique pour les aider. Le plus notable de ces jeunes seigneurs est le marquis de La Fayette. Pour affaiblir l'Angleterre, Louis XVI leur permet de partir, puis déclare la guerre à l'Angleterre et envoie une armée en Amérique.

Avec les dépenses de guerre et les extravagances de la cour, la France se trouve ruinée. Aucun des plans des ministres financiers de Louis XVI pour résoudre° la situation ne marche. À cause des conflits dans le pays, Louis XVI est obligé de convoquer les états généraux.

résoudre *to resolve*

Les états généraux

«Les états généraux» est le nom du parlement, ou de l'assemblée des députés qui représentent trois groupes sociaux: la noblesse, le clergé et le tiers état. Le «tiers état», ce sont les bourgeois, les paysans et les artisans, c'est-à-dire la majorité de la population du pays. Les états généraux votent par état et pas par «tête». Cela veut dire que la noblesse et le clergé votent toujours ensemble et le tiers état n'a aucune voix au sein du gouvernement.

La noblesse et le clergé ont certains privilèges qui sont refusés au tiers état, par exemple ils ne paient pas d'impôts. Une grande réforme demandée par le tiers état est l'abolition de ces privilèges. Les états généraux ne peuvent pas se mettre d'accord, donc les députés du tiers état décident de se révolter et se réunissent séparément. La noblesse et le clergé doivent accepter la demande du tiers état pour une nouvelle constitution et ils joignent l'Assemblée constituante.

La Révolution

Le roi doit accepter l'Assemblée constituante mais aussi il appelle ses troupes pour le protéger. Les Parisiens, qui manquent° déjà de pain, sont furieux. Ils prennent les armes et attaquent la Bastille.

La Bastille était la prison où le roi envoyait les prisonniers politiques. La prise de la Bastille, le 14 juillet 1789, marque le début de la Révolution française.

Au mois d'octobre, une foule° marche de Paris à Versailles. D'après les historiens, Marie-Antoinette n'a jamais dit cette phrase qu'on lui attribue: «Si vous n'avez pas de pain, mangez des gâteaux.» Sur le chemin du retour, la foule crie: «Nous ramenons° le boulanger, la boulangère et le petit mitron°.» Le mitron, c'est le dauphin.

manquent *lack*

foule *mob*

ramenons *are bringing back*
mitron *baker's boy*

La mort de Louis XVI

En 1791, sur les conseils de Marie-Antoinette, le roi décide d'émigrer, c'est-à-dire de s'enfuir de France. Mais on le reconnait sur la route. On l'arrête et le reconduit à Paris.

Il a laissé une lettre disant qu'il ne pouvait pas supporter ces changements. Jusqu'alors, les révolutionnaires voulaient une monarchie constitutionnelle où le roi partage le pouvoir avec une assemblée, mais finalement ils décident d'abolir la monarchie pour la remplacer avec un gouvernement républicain, c'est-à-dire démocratique.

Le 21 janvier 1793, Louis XVI est guillotiné.

Alarmés par cet événement, les rois d'Europe forment une coalition contre la République française. La République est attaquée de deux côtés: par les armées à l'extérieur, et par les royalistes à l'intérieur du pays.

Pour supprimer les ennemis de la République, Robespierre, un homme politique français, organise le règne de la Terreur. Des milliers de gens dits «suspects», y compris la reine Marie-Antoinette, sont guillotinés. Le règne de la Terreur ne cesse que quand Robespierre lui-même est arrêté et exécuté à son tour.

La République

La nouvelle constitution qui était adoptée en septembre 1792 garantissait au peuple la liberté de conscience et de religion. Cette Première République prend pour devise°: «Liberté, égalité, fraternité°». Ce sont des choses difficiles à accomplir. Cela signifie beaucoup de changements à venir.

devise *motto*

fraternité *brotherhood*

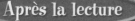

Choisissez la bonne réponse.

1. Louis XV était _____.
   a. un grand roi
   b. un bon guerrier
   c. détesté par le peuple

2. Sous Louis XVI les Français sont _____.
   a. libres
   b. mécontents
   c. égaux

3. Louis XVI envoie une armée en Amérique parce qu'il _____.
   a. a assez d'argent pour faire la guerre
   b. veut affaiblir l'Angleterre
   c. croit aux idées démocratiques

4. Les états généraux sont _____.
   a. un parlement qui représente tous les gens également
   b. les bourgeois, les paysans et les artisans
   c. un parlement qui représente trois groupes sociaux

5. Au début, le tiers état demandait _____.
   a. la mort du roi
   b. la révolution
   c. l'égalité

6. Le 14 juillet 1789, les Parisiens ont _____.
   a. créé une nouvelle constitution
   b. libéré la Bastille
   c. guillotiné le roi

7. À cause de l'exécution de Louis XVI, les rois d'Europe _____.
   a. font la guerre à la République française
   b. organisent la Terreur
   c. soutiennent la République française

Révision 2

ouis XI n'est pas beau mais il est un diplomate habile.
Pendant son règne la France développe de l'agriculture et
de l'industrie. Louis XI fait l'acquisition de la Lorraine, de
la Bourgogne et de la Provence par voies diplomatiques. Le
Moyen Âge se termine avec son règne.

Pendant les guerres d'Italie, les seigneurs français découvrent
les palais splendides italiens. François Ier invite des artistes
italiens à venir en France et la Renaissance française commence.
Des châteaux sont construits et des œuvres d'art sont produites.

La réforme de l'Église est commencée en France grâce à Jean
Calvin, et aussi les guerres de Religion commencent entre les
protestants et les catholiques. Henri IV, le chef des protestants,
devient roi de France par succession. Les catholiques ne
l'acceptent pas comme roi. Pour se faire accepter, il se convertit
au catholicisme. Avec cette action il met fin aux guerres de
Religion. Il est surnommé «le bon roi» parce qu'il a toutes les
qualités d'un bon Français. Il proclame l'édit de Nantes, qui
déclare la tolérance religieuse.

Le fils d'Henri IV, Louis XIII, est aidé par le cardinal Richelieu
pour rétablir l'ordre. Richelieu oblige les seigneurs à obéir au roi.
La monarchie se rapproche de l'absolutisme.

Louis XIV est surnommé le Roi-Soleil. Tout le monde doit lui
obéir. Il fait construire le palais de Versailles, un château très
somptueux. Louis XIV révoque l'édit de Nantes. Il participe à des
guerres pour agrandir son royaume. Ces guerres et les dépenses
de sa cour sont très coûteuses. Le dix-septième siècle produit
aussi des artistes et des écrivains célèbres.

Louis XV participe aussi à des guerres qui coûtent cher à la
France. Les Français finissent par l'appeler «le Mal-Aimé». Le
prochain roi est Louis XVI. Le peuple est mécontent à cause des
injustices politiques et sociales.

La France n'a pas d'argent, donc Louis XVI convoque les états
généraux. Alors un mouvement de réforme et puis une révolution
contre le système de privilèges commence. Les gens qui font la

révolution veulent garder la monarchie, mais enfin ils l'abolissent parce que le roi a essayé de s'enfuir et a dit qu'il n'accepte pas les changements.

La France est attaquée de l'extérieur et de l'intérieur. Robespierre crée un régime de Terreur pour protéger la République. Il a tué beaucoup de gens suspectés d'être ennemis de la République. La Terreur s'arrête quand Robespierre est exécuté. Une République française est établie, et la constitution de la République a pour devise: «Liberté, égalité, fraternité».

Après la lecture

Répondez en faisant des phrases complètes.

1. Que'est-ce que Louis XI a obtenu? Par quels moyens?
2. Comment commence la Renaissance française?
3. Qu'est-ce qui se passe pendant les guerres de Religion?
4. Quel type de monarchie est établie par Richelieu?
5. Comment est Louis XIV?
6. Qu'est-ce que les Français pensent de Louis XV?
7. Pourquoi est-ce que Louis XVI convoque les états généraux?
8. Qu'est-ce qui arrive au roi et à la monarchie?
9. Qu'est-ce qui est établi et quelle est sa devise?

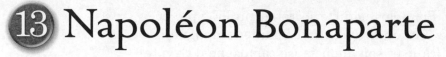

13 Napoléon Bonaparte

Depuis l'exécution de Louis XVI, de terribles dangers continuent à menacer la nouvelle république: l'Angleterre, la Hollande, l'Espagne, l'Autriche et la Prusse forment une coalition et attaquent la France.

Au début, les armées françaises perdent beaucoup de batailles, mais les soldats français défendent la nouvelle république avec héroïsme. Bientôt l'invasion étrangère est arrêtée et l'ennemi est forcé de reculer°.

reculer *to retreat*

Parmi les officiers qui se distinguent, il y en a un qui s'appelle Napoléon Bonaparte.

Ce jeune soldat est né à Ajaccio, sur l'île de Corse. Avant la Révolution, Napoléon a servi dans l'armée du roi. À l'âge de vingt-quatre ans il commande l'artillerie de l'armée républicaine qui reprend Toulon aux Anglais. C'est un génie° militaire. Il devient général à l'âge de vingt-six ans et remporte des victoires importantes en Italie. Il force les Autrichiens à signer la paix de Campoformio qui donne la Belgique à la France.

génie *genius*

Après avoir vaincu les Autrichiens, Bonaparte veut forcer les Anglais à signer la paix. Il fait une expédition en Égypte, parce qu'il veut couper la route des Anglais vers l'Inde. Il gagne la bataille des Pyramides, mais il n'a pas conquis le pays. Les Anglais bloquent° l'armée française et ne la laisse pas rentrer en France.

bloquent *block*

En France, le gouvernement est en désordre: les royalistes essaient de détruire la République, et la France est de nouveau menacée par des coalitions.

Bonaparte quitte secrètement l'Égypte et revient en France. Sa brillante campagne d'Italie et son audacieuse campagne d'Égypte l'ont rendu très populaire. Il est un héros national.

À cause de sa popularité et de la faiblesse du gouvernement, Bonaparte peut faire un coup d'État et se faire nommer premier consul. Cinq ans après, en 1804, il se proclame empereur des Français. Il fait venir le pape de Rome pour le sacrer empereur dans la cathédrale de Notre-Dame à Paris et prend le nom de Napoléon Ier.

L'armée de Napoléon Ier est la plus formidable de toutes les armées d'Europe. On l'appelle la Grande Armée. Napoléon commande lui-même son armée. La France a alors à combattre l'Angleterre, l'Autriche, la Prusse et la Russie. Napoléon remporte un grand nombre de victoires.

Napoléon avait épousé Joséphine de Beauharnais. Il fait annuler son mariage pour épouser Marie-Louise, fille de l'empereur d'Autriche.

L'Europe semble alors stabilisée. L'Empire français s'étend du nord de l'Allemagne aux Pyrénées, et de l'océan Atlantique à la Turquie.

Napoléon fait alors l'erreur d'envahir la Russie. Ses soldats occupent Moscou. Les Russes mettent le feu° à la ville et détruisent° toutes les provisions. Sans nourriture et sans protection contre l'hiver sévère de la Russie, les soldats de la Grande Armée sont forcés de battre en retraite.

mettent le feu *set fire*
détruisent *destroy*

Après ce désastre, Napoléon est obligé d'abdiquer. Il s'exile sur l'île d'Elbe dans la Méditerranée, pas loin de la Corse où il est né.

L'un des frères de Louis XVI, le comte de Provence, rentre alors en France et devient roi sous le nom de Louis XVIII. La monarchie est rétablie. On appelle cette période la Restauration.

Bientôt, il y a de nouveau un changement de l'opinion publique. Napoléon n'a pas perdu son prestige. Il en profite pour s'enfuir de l'île d'Elbe. Il débarque en France et, après avoir adressé une magnifique proclamation à ses soldats, prend la route des Alpes avec ses anciens soldats et officiers.

Napoléon mène son armée à travers la France jusqu'en Belgique où il rencontre les Anglais. Cent jours après son retour en France, il est vaincu à la bataille de Waterloo le 18 juin, 1815.

Waterloo marque la chute° de Napoléon. Il est forcé d'abdiquer une seconde fois. Il est exilé définitivement sur l'île de Sainte-Hélène. Il y meurt six ans plus tard, en 1821.

chute *fall*

Napoléon est un des plus grands chefs militaires de toute l'histoire, mais la France n'a pas pu garder les pays qu'elle avait conquis.

Napoléon était aussi un grand homme d'État. Il a fait beaucoup de bien pour le pays. Il a donné à la France un nouveau code civil, le Code Napoléon, qui est encore la base de l'ensemble des lois en France. Il a créé la Banque de France et de nouvelles écoles secondaires, les lycées. Il a conclu un accord avec le pape, appelé le Concordat. Il a fondé l'ordre de la Légion d'Honneur. Ce sont des contributions qui ont eu une influence profonde sur la France moderne.

Après la lecture

Répondez en faisant des phrases complètes.

1. Où est né Napoléon Bonaparte?
2. Quel âge avait-il lorsqu'on l'a nommé général?
3. Pourquoi a-t-il fait une expédition en Égypte?
4. Pourquoi est-ce que Napoléon a pu faire un coup d'État?
5. Dans quel pays est-ce que les habitants mettent feu à une ville pour détruire les provisions et forcer la retraite de Napoléon?
6. Comment s'appelle la dernière bataille de Napoléon?
7. Est-ce que la France a gardé les territoires que Napoléon avait conquis?
8. Comment s'appelle la base des lois en France?

14 Les derniers rois de France

❧ ❧ ❧ ❧ ❧ ❧ ❧ ❧ ❧ ❧ ❧ ❧ ❧ ❧ ❧

Après la chute de Napoléon Ier et son départ
pour l'île d'Elbe, la monarchie est rétablie en
France. Louis XVIII, frère de Louis XVI, prend
le pouvoir. Son règne, interrompu° par les Cent   **interrompu** *interrupted*
Jours (c'est-à-dire la période entre le retour de
Napoléon Ier de l'île d'Elbe et la défaite de
Waterloo) dure neuf ans, de 1815 à 1824.

Louis XVIII a soixante ans quand il devient
roi. La plupart des Français ne l'aiment pas
beaucoup. Ce n'est pas une monarchie absolue,
comme du temps de Louis XIV, mais une
monarchie constitutionelle: le roi gouverne
surtout à travers ses ministres. Il y a une
Chambre où les députés sont élus par de riches
propriétaires°. Les rois de la Restauration   **propriétaires** *property owners*
savent qu'ils ne peuvent pas revenir à l'ancien
régime, mais ils essaient quand même d'avoir
le plus de pouvoir possible.

À la mort de Louis XVIII, son frère Charles X
lui succède. Charles X veut rétablir les
privilèges que la Révolution avait abolis. Il fait
payer de grosses indemnités° aux émigrés et   **indemnités** *compensation*
essaie de supprimer° une partie des libertés   **supprimer** *to remove*
accordées aux Français après la Révolution.
Charles X fait installer un ministre détesté,
Jules de Polignac, qui est lié à l'ancien régime.
Il fait offenser beaucoup de députés.

Le peuple se révolte contre le roi et en 1830 il
y a une nouvelle révolution qui ne dure que
trois jours, les 27, 28 et 29 juillet. Ces trois
journées s'appellent «Les Trois Glorieuses».

Les gens qui sont contre le roi élèvent des
barricades à Paris. Quelques combats se
produisent, et Charles X est obligé d'abdiquer.
Il s'enfuit en Angleterre. Les députés
choisissent comme successeur au roi son
cousin, Louis-Philippe. Celui-ci mène une vie
simple et sans prétentions. On l'appelle «roi
des Français» et non plus «roi de France».

Louis-Philippe est très populaire au début
de son règne, mais sa popularité ne dure pas
longtemps. La cause principale du
mécontentement du peuple est le refus du roi

de modifier la loi électorale: les personnes qui
ne payaient pas une somme importante
d'impôts directs n'avaient pas le droit de vote,
ce qui maintenait un régime de privilégiés
basé sur la fortune des gens.

Le peuple parisien se révolte de nouveau
contre le roi, et Louis-Philippe est forcé
d'abdiquer. Il s'enfuit en Angleterre, comme
l'avait fait Charles X.

Depuis ce jour, la France n'a jamais plus été
gouvernée par un roi. La République est
proclamée une seconde fois, et tous les
citoyens de plus de vingt et un ans ont
désormais° le droit de vote.

désormais *from now on*

Louis-Napoléon Bonaparte, neveu° de
Napoléon Ier, est élu président de la Deuxième
République.

neveu *nephew*

Après la lecture

Répondez en faisant des phrases complètes.

1. Combien de temps a duré le règne de Louis XVIII?
2. Est-ce que ce roi était populaire?
3. Qu'est-ce qui a interrompu son règne pendant une
   période de cent jours?
4. Qu'est-ce que Charles X a fait qui a causé une révolution?
5. Qu'est-ce que les gens opposés à Charles X ont fait?
6. Qui lui a succédé?
7. Pourquoi est-ce que le peuple s'est révolté contre
   Louis-Philippe?
8. Quel changement a apporté la Deuxième République?
9. Qui a été élu président de la Deuxième République?

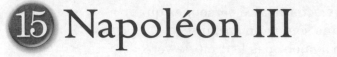

⑮ Napoléon III

Louis-Napoléon n'est pas satisfait de son titre de président. Il veut être empereur comme son oncle, Napoléon Ier. Grâce à un coup d'État, il prend tout le pouvoir et se fait nommer empereur en 1852 sous le nom de Napoléon III.

Comme les derniers rois de France, Napoléon III habite au palais des Tuileries. Sa cour est brillante. Son épouse, l'impératrice° Eugénie, célèbre pour sa beauté, a une grande influence sur lui.

impératrice *empress*

Napoléon III est pris entre deux désirs contradictoires: il veut la paix pour consolider sa politique intérieure, mais il a besoin de succès militaire pour servir son ambition et son prestige personnel.

Il essaie de satisfaire les ouvriers en leur donnant le droit de grève, c'est-à-dire le droit d'arrêter le travail s'ils ne sont pas d'accord avec leur patron°. Aidé par le baron Haussmann, il fait agrandir les avenues et modernise Paris. Il soutient aussi la construction des chemins de fer° partout en France.

patron *boss*

chemins de fer *railroads*

Il entreprend plusieurs guerres, qui aboutiront à° sa ruine. Il participe à la guerre de Crimée contre la Russie dont l'événement principal est la prise° de Sébastopol où meurent 75,000 soldats français. La France perd aussi beaucoup de soldats pendant la guerre de l'Italie contre l'Autriche, avec les victoires de Magenta et de Solferino. La France contribue ainsi à l'unification de l'Italie. La Savoie et le comté de Nice sont annexés à la France.

aboutiront à *will end up at*

prise *taking*

Napoléon III fait aussi des expéditions militaires en Asie, en Afrique et en Amérique. Ces expéditions sont coûteuses° pour la France, mais la plus coûteuse de toutes est la campagne du Mexique. Napoléon III voulait établir un empire français en Amérique. Après avoir envahi le Mexique, les troupes françaises prennent la capitale mexicaine. Napoléon III envoie alors l'archiduc Maximilien au Mexique. Il lui fait croire que le peuple mexicain l'a choisi comme empereur. Un an après, Napoléon III a besoin de ses troupes en France et les rappelle. Abandonné par Napoléon, Maximilien ne peut pas se défendre. Il est fait prisonnier par Benito Juárez, chef des Mexicains, qui le fait fusiller°.

coûteuses *costly*

fusiller *shot*

Entre temps, Otto von Bismarck, premier ministre du roi de Prusse, Guillaume Ier, essaie d'unifier les états d'Allemagne. Pour cela, il lui faut un prétexte pour faire la guerre. Bismarck sait qu'aucun pays européen ne viendra au secours de la France parce que les monarchies européennes ont peur de ce nouveau Napoléon, donc il incite Napoléon III à déclarer la guerre à la Prusse.

Ainsi éclate la guerre franco-allemande. L'armée prussienne est beaucoup mieux préparée au combat que l'armée française. Le 2 septembre 1870, Napoléon III et l'armée française sont forcés de capituler° à Sedan.

capituler *to surrender*

Les résultats de cette guerre sont désastreux pour la France: elle perd l'Alsace et la Lorraine et est obligée de payer une indemnité de guerre énorme (cinq milliards de francs) à l'Allemagne. La bataille de Sedan marque la fin du second Empire.

Après quatre ans de lutte entre les monarchistes et les républicains, la Troisième République est proclamée. Cette Troisième République durera jusqu'en 1940.

Après la lecture

Répondez en faisant des phrases complètes.

1. Quels étaient les deux désirs contradictoires de Napoléon III?
2. Qu'est-ce que le droit de grève?
3. De quoi Napoléon III soutient-il la construction partout en France?
4. Quelles conséquences ont les guerres auxquelles participe Napoléon III?
5. Qu'est-ce que Napoléon III fait croire à Maximilien?
6. Qu'est-ce qui se passe à Maximilien quand Napoléon rappelle ses troupes?
7. Pourquoi est-ce que Bismarck veut une guerre avec la France?
8. Quels sont les résultats de la guerre franco-allemande?
9. Quel type de gouvernement est proclamé après le second Empire?

16 La Première Guerre mondiale

En août 1914, une nouvelle guerre éclate dans une Europe déjà assez tendue° par la compétition entre les pays. Cette guerre, souvent appelée la «Grande Guerre», est une guerre mondiale. Elle dure quatre ans.

tendue *tense*

L'Allemagne a pour alliés l'Autriche et la Turquie. L'Angleterre et la Russie sont les alliés de la France au début de la guerre. En avril 1917, les États-Unis déclarent la guerre à l'Allemagne et viennent aider les Alliés.

Au début de la guerre, les Allemands envahissent la France par la Belgique. Ils avancent jusqu'à la Marne, tout près de Paris. À ce moment-là le général Joffre les arrête lors de la bataille de la Marne.

Le général Gallieni, qui commande l'armée qui doit défendre Paris, aide le général Joffre a remporter cette victoire: il réquisitionne° tous les taxis de Paris pour transporter son armée à la Marne.

réquisitionne *requires for military use*

À la veille de la bataille de la Marne, le général Joffre a donné cet ordre à ses troupes: «Au moment où s'engage une bataille dont° dépend le salut° du pays, il importe de rappeler à tous que le moment n'est plus de regarder en arrière°. Tous les efforts doivent être employés à attaquer et à refouler° l'ennemi. Toute troupe qui ne peut plus avancer devra coûte que coûte° garder le terrain conquis et se faire tuer sur place plutôt que de reculer. Aucune défaillance° ne peut être tolérée.»

dont *on which*

salut *salvation*

en arrière *backward*

refouler *drive back*

coûte que coûte *at all costs*

défaillance *weakness*

La bataille de la Marne a été une grande
bataille et un moment décisif de la guerre.
Après cette bataille, la guerre devient une
guerre de tranchées° parce que ni les Français
ni les Allemands ne peuvent avancer et ne
veulent reculer.

tranchées *trenches*

En 1916, il se produit une grande bataille
devant Verdun, la forteresse qui commande la
route de Paris. Pendant quatre mois, les
Allemands essaient de la prendre. Les soldats
français, sous le commandement du général
Pétain, résistent héroïquement. 163 000 soldats
français se font tuer en défendant Verdun. Leur
mot d'ordre était: «Ils ne passeront pas!»

Cette phrase, devenue célèbre, est prononcée pour la première fois par Georges Clemenceau, surnommé «Le Tigre». Cet homme énergique avait déjà eu une longue vie politique. Il est nommé premier ministre à un moment critique de la guerre. Il a alors 76 ans. Clemenceau parvient à raviver° un pays déprimé°. Il met fin au défaitisme° à l'intérieur du pays. «Je continue de faire la guerre, et je continuerai jusqu'au dernier quart d'heure, car c'est nous qui aurons le dernier quart d'heure.»

Clemenceau a largement contribué à la victoire. On l'a surnommé «Le Père la Victoire.»

Sur ses recommandations, le général Foch est nommé commandant en chef des armées alliées en 1917. Foch est le type d'officier français toujours élégant, poli, fier et énergique. Tous les Alliés le respectent. Sous son commandement, les Alliés ont gagné la guerre.

L'armistice du 11 novembre 1918 met fin à cette guerre.

Ce jour-là, il y a de grandes célébrations dans les rues dans tout le pays. Foch envoie l'ordre du jour suivant à ses troupes: «Officiers, sous-officiers, soldats des armées alliées, après avoir arrêté l'ennemi, vous l'avez attaqué sans répit°. Vous avez gagné la plus grande bataille de l'histoire et sauvé la liberté du monde. Soyez fiers! La postérité vous garde sa reconnaissance.» La France a subi d'importantes pertes pendant cette guerre: un million quatre cent mille soldats français sont tués et trois millions sont blessés.

Le 14 juillet 1919, les troupes alliées victorieuses passent sous l'Arc de Triomphe et descendent les Champs-Élysées.

Le traité de Versailles, signé par Clemenceau, le président Wilson, Lloyd George, premier ministre d'Angleterre, et d'autres chefs d'État, a rendu l'Alsace et la

Lorraine à la France. Le traité déclare que
l'Allemagne est responsable de cette guerre.
L'Allemagne est obligée de payer de grosses
sommes d'argent, appelées des réparations, à
la France et aux autres alliés. Wilson propose
une Ligue de Nations pour garder la paix
internationale.

Malheureusement, cela n'a pas été la
dernière guerre mondiale.

Après la lecture

Répondez en faisant des phrases complètes.

1. Comment est l'Europe en 1914?
2. Qui étaient les alliés de la France?
3. Lors de quelle bataille les Allemands sont-ils arrêtés?
4. Comment est-ce que les soldats du général Gallieni vont de Paris à la Marne?
5. Après la bataille de la Marne, quel type de guerre a suivi?
6. Qu'est-ce qui s'est passé à la bataille de Verdun?
7. À quelle position Clemenceau est-il nommé?
8. Qu'est-ce qui se passe le 11 novembre 1918?
9. Quels provinces reviennent à la France avec le traité de Versailles?
10. Qu'est-ce que l'Allemagne doit payer?

17 La Seconde Guerre mondiale

Le traité de Versailles dit qu'il est défendu à l'Allemagne de se réarmer, mais, en 1933, Adolf Hitler devient chancelier, puis dictateur, de l'Allemagne et veut dominer l'Europe. En quelques années, l'Allemagne a de nouveau une armée puissante.

En 1938 et 1939, l'armée allemande envahit l'Autriche, la Tchécoslovaquie et la Pologne. La France et l'Angleterre déclarent la guerre à l'Allemagne.

L'Allemagne envahit la France en mai 1940. La France a une armée assez puissante mais elle n'a pas une bonne stratégie de guerre. La France a construit «la ligne Maginot», un mur fortifié qui devrait la protéger d'une invasion allemande, mais les divisions motorisées allemandes ont trouvé un autre chemin. L'armée française est vaincue en six semaines et les Allemands occupent les deux-tiers° de la France.

deux-tiers *two-thirds*

Le maréchal° Pétain, qui est alors ministre de la guerre, signe un armistice avec Hitler. C'est la fin de la Troisième République. Les Allemands occupent Paris et le nord de la France. En 1942 ils occupent toute la France.

maréchal *marshall*

Philippe Pétain a quatre-vingt-quatre ans. C'est un héros de la Première Guerre mondiale. Pour cette raison, un grand nombre de Français ont confiance en lui. Après avoir signé l'armistice, il devient chef de l'État et se donne beaucoup de pouvoir. Il établit son gouvernement dans la ville de Vichy. C'est un gouvernement de collaboration. Cela veut dire que le gouvernement de Vichy aide les nazis.

Pétain croyait que le fascisme était l'avenir.
Les collaborateurs sont sévèrement punis
après la guerre.

Le 18 juin 1940, le général de Gaulle, qui a
pu quitter la France et vient d'arriver à
Londres, adresse à la radio un appel aux
Français. Il dit: «La France a perdu une
bataille! Mais la France n'a pas perdu la
guerre!»

Il invite tous les Français, partout où ils se
trouvent, à se joindre à lui et à continuer la
lutte contre les Allemands. Dans sa fameuse
proclamation, il prédit° que les États-Unis   **prédit** *predicts*
vont entrer plus tard dans la guerre et vont
venir aider les Français. Un certain nombre de
Français qui ne voulaient pas accepter
l'armistice quittent la France et rejoignent° le   **rejoignent** *rejoin*
général de Gaulle.

Ils forment une armée, appelée les forces
françaises libres. Ces Français continuent la
guerre contre l'Allemagne avec les Alliés. De
Gaulle cherche aussi des alliances avec les
colonies françaises et il est basé° pendant un   **est basé** *is based*
temps à Alger, la capitale de l'Algérie.

Les gens qui sont restés en France résistent
aussi. Les «maquis», ou groupes de la
Résistance font tout leur possible° pour résister   **tout leur possible** *everything*
aux Allemands et au gouvernement de Vichy.   *they could*

La Seconde Guerre mondiale a duré presque
cinq ans, de septembre 1940 à mai 1945. Le
6 juin 1944, une puissante armée alliée
débarque sur les plages de Normandie. Cela
est le grand événement de la guerre qui
permet la libération de l'Europe et qui mène°   **mène** *leads*
à la victoire finale.

Le 24 août 1944, Paris est libéré. Le
lendemain, le général de Gaulle fait son
entrée triomphale dans la capitale, acclamé
par la population. Un gouvernement
provisoire° est établi sous sa présidence.   **provisoire** *temporary*

En janvier 1946, le général de Gaulle décide
de démissionner°. Une nouvelle constitution
est approuvée par le peuple français et la
Quatrième République est établie. M. Vincent
Auriol est élu président.

Les années suivantes ont connu une période
d'instabilité pendant laquelle il y a eu vingt et
un changements de gouvernement et de
nombreuses° crises politiques. La plus grave
de ces crises a été celle du 13 mai 1958,
causée par la rébellion en Algérie.

démissionner *to resign*

nombreuses *numerous*

Répondez en faisant des phrases complètes.

1. Comment est-ce que la France essaie de se protéger contre une invasion allemande?
2. En combien de temps l'armée française est-elle vaincue?
3. Qui signe l'armistice avec Hitler?
4. Quelle partie du territoire français est occupé par les Allemands?
5. Pourquoi est-ce que les Français font confiance à Pétain?
6. Comment le gouvernement de Pétain a-t-il traité les Allemands?
7. Quel message radio de Gaulle donne-t-il aux Français depuis Londres?
8. Comment s'appelle le groupe des Français qui ont quitté la France et se sont battus avec de Gaulle?
9. Comment s'appellent les groupes en France qui ont fait tout leur possible pour résister aux Allemands et au gouvernement de Vichy?
10. Comment de Gaulle est-il reçu quand il entre dans Paris?
11. Comment est la Quatrième République?

Révision 3

L'armée française défend la nouvelle république contre une invasion étrangère. Napoléon Bonaparte se distingue dans l'armée et devient général. Il utilise à son avantage le désordre dans le gouvernement et sa popularité pour faire un coup d'État. Plus tard il se fait couronner empereur. Il a une grande armée qui lui crée un grand empire. Napoléon envahit la Russie et occupe Moscou, mais les Russes mettent feu à la ville et détruisent les provisions. L'armée française doit partir de Russie et Napoléon est forcé d'abdiquer.

Il y a ensuite la Restauration de la monarchie, et Louis XVIII devient roi. Son règne est interrompu par les Cent Jours, période pendant laquelle Napoléon quitte l'île où il s'est exilé et reprend le pouvoir. Quand il perd la bataille de Waterloo aux Anglais, il est forcé de s'exiler à nouveau.

Louis XVIII n'est pas très populaire. Il y a une monarchie constitutionnelle, et le roi gouverne à travers ses ministres. Charles X succède à Louis XVIII. Il ne soutient pas les libertés données par la Révolution. Il y a une petite révolution qui s'appelle les Trois Glorieuses pour le faire abdiquer. Louis-Philippe est choisi pour être roi, mais comme il refuse de donner le droit de vote à ceux qui ne paient pas beaucoup d'impôts, il est aussi forcé d'abdiquer. Son départ marque la fin de la monarchie en France.

Louis Napoléon est élu président de la Deuxième République. Comme son oncle, Napoléon Bonaparte, il veut être empereur. Il fait un coup d'État et puis il se fait couronner empereur. Il essaie d'aider le pays, par exemple il donne le droit de grève aux ouvriers et il modernise Paris, mais il participe aussi à des guerres qui le ruinent. Le second Empire prend fin quand il perd la guerre franco-allemande.

Il y a des luttes entre les monarchistes et les républicains et puis la Troisième République est proclamée. Cette république dure jusqu'en 1940.

En 1914 éclate la Première Guerre mondiale. Après la bataille de la Marne, l'armée française se trouve face à face avec l'armée allemande dans des tranchées. Ni l'un ni l'autre camp ne peut avancer. La bataille de Verdun est une bataille importante durant laquelle les Français ont résisté aux Allemands. Pétain devient un héros pendant cette bataille. Le premier ministre français, Clemenceau, parvient à raviver un pays déprimé. Sous le commandement du général Foch, un Français, les Alliés gagnent la guerre. Le traité de Versailles condamne l'Allemagne et la rend responsable de la guerre. Elle doit payer beaucoup d'argent à la France. D'autres mesures du traité sont destinés à maintenir la paix.

Ces mesures n'ont pas marché. Hitler prend le pouvoir en Allemagne, reconstruit l'armée et commence une nouvelle guerre. L'armée française est vite vaincue et beaucoup du territoire français est occupé par les Allemands. Le reste de la France est gouverné par Pétain. Son gouvernement à Vichy collabore avec les Allemands. De Gaulle appelle les Français à résister aux Allemands et à Pétain. Il devient le chef de la Résistance et après la victoire des Alliés, le chef du gouvernement provisoire. De Gaulle ne reste pas au pouvoir. Une nouvelle constitution est écrite et la Quatrième République est établie.

Après la lecture

Répondez en faisant des phrases complètes.

1. De quelles circonstances Napoléon Bonaparte a-t-il profité pour faire un coup d'État?
2. Qu'est-ce que la Restauration?
3. Pourquoi Charles X et Louis-Philippe doivent-ils abdiquer?
4. Quelles mesures prises par Louis-Napoléon ressemblent à des mesures prises par son oncle?
5. Quel gouvernement est établi après le second Empire?
6. Dans la guerre de tranchées, qu'est-ce que les armées ne peuvent pas faire?
7. Qui est le héros de la bataille de Verdun?
8. Que fait Hitler quand il prend le pouvoir en Allemagne?
9. Qui gouverne la France pendant l'occupation allemande et qu'est-ce qu'il fait?
10. Qui est le chef de la Résistance?
11. Quel gouvernement est établi en France après la guerre?

18 Le général de Gaulle

En mai 1958, l'Algérie se bat contre la France pour obtenir son indépendance. À cause de la guerre d'Algérie, une guerre civile est sur le point d'éclater en France. La différence entre l'Algérie et les autres colonies françaises est que les Français y sont plus nombreux. Ces gens résistent à l'indépendance de l'Algérie. Il y a des gens en France qui ne veulent pas être tués pour garder cette colonie. D'autres gens défendent le droit fondamental de l'Algérie de se gouverner.

M. René Coty, le président de la République, successeur de M. Auriol, propose de faire appel au général de Gaulle pour rétablir l'ordre dans le pays. Avant de revenir au pouvoir, de Gaulle pose deux conditions à l'Assemblée nationale: il aura les pleins pouvoirs° pendant six mois et une nouvelle constitution sera écrite.

pleins pouvoirs *full powers*

La nouvelle constitution est approuvée par référendum à quatre-vingt pour cent des voix. La Cinquième République est proclamée et de Gaulle est élu président de la République en 1959.

Le général de Gaulle met fin à la guerre d'Algérie et il donne l'indépendance aux Algériens avec les accords d'Évian en 1962. Il fait de nombreuses réformes dont la plus importante est la décolonisation. Il essaie de maintenir d'assez bonnes relations avec les anciennes colonies françaises. Il modifie le système militaire de la France, et veut avoir une force atomique. C'est une période de prospérité économique et de Gaulle prend des actions pour stabiliser le franc.

De Gaulle veut une France puissante et indépendante des États-Unis ou de tout autre

pays°. Il soutient le Marché commun, une
association commerciale de pays européens
qui a commencé pendant la Quatrième
République. Aujourd'hui, ce Marché commun
est devenu l'Union Européenne. De Gaulle est
réélu président de la République pour sept ans
en 1965 par une faible majorité.

    Certains aspects de sa politique l'ont rendu
impopulaire aux États-Unis. Il s'est opposé à
l'entrée de la Grande-Bretagne dans le Marché
commun. Il a amélioré° les relations
diplomatiques avec l'Europe de l'est et rétabli
les relations avec la Chine. Il a retiré° la
France de l'OTAN°.

tout autre pays *any other country*

amélioré *improved*

retiré *withdrew*

OTAN *NATO*

Le 22 mars 1968, à Nanterre, des étudiants organisent une manifestation° contre le système universitaire. Au mois de mai, cette protestation des étudiants a gagné toute la France. À Paris, le 3 mai, les étudiants occupent la Sorbonne. Le 10 et 11 ils établissent des barricades dans le Quartier latin, brûlent des arbres et des autos et se battent contre la police. Dès le 13, les ouvriers commencent aussi à se révolter. Le nombre d'usines° occupées par les ouvriers augmente d'heure en heure et bientôt la vie du pays est paralysée par l'arrêt total des services publics. Les étudiants et les ouvriers défilent° dans les rues portant les drapeaux rouges des communistes, ou noirs, insignes de l'anarchie. Ils demandent la démission du général de Gaulle.

Le 30 mai, le général de Gaulle annonce à la radio française qu'il ne va pas se retirer.

Il dit: «Je dissous° aujourd'hui l'Assemblée nationale.» Il organise de nouvelles élections législatives. Son parti est victorieux en ces élections, ce qu'il interprète comme un signe de soutien du peuple.

Un an plus tard, il propose de nouvelles réformes: un projet de régionalisation et une réforme du Sénat, et il organise un nouveau référendum. Il déclare que si la majorité des Français vote «non», il se retirera.

La plupart des Français voulaient un changement. Ils trouvent que de Gaulle est au pouvoir depuis trop longtemps. Ils votent donc «non» aux réformes. Tenant sa parole,° le général de Gaulle annonce aussitôt qu'il démissionne de la façon suivante: «Je cesse d'exercer mes fonctions de président de la République. Cette décision prend effet aujourd'hui à midi.»

manifestation *demonstration*

usines *factories*

défilent *parade*

dissous *dissolve*

Tenant sa parole *Keeping his word*

Il se retire alors dans sa propriété privée à Colombey-les-Deux-Églises où il écrit le quatrième volume de ses *Mémoires*. Le général de Gaulle meurt le 9 novembre 1970.

Le général de Gaulle a toujours respecté le principe de la démocratie, ne voulant jamais accepter le pouvoir sans y avoir été élu par la majorité des Français. Une fois au pouvoir, on lui a souvent reproché sa façon dictatoriale de gouverner. Pour se justifier, il a dit: «Comment voulez-vous gouverner un pays qui a deux cent quarante-six variétés de fromage!»

Son patriotisme, son énergie et son courage sont exemplaires. Les Français lui sont reconnaissants° d'avoir sauvé non seulement l'honneur de la France, mais la France elle-même° plus d'une fois.

reconnaissants *grateful*

elle-même *herself*

Après la lecture

Répondez en faisant des phrases complètes.

1. Pourquoi est-ce qu'une guerre civile était prête à éclater en France en mai 1958?
2. Quelles conditions est-ce que de Gaulle demande à l'Assemblée nationale avant de revenir au pouvoir?
3. Comment est-ce que de Gaulle a résolu la guerre d'Algérie?
4. Comment est l'économie française sous de Gaulle?
5. Qu'est-ce que le Marché commun?
6. Est-ce que le général de Gaulle était populaire aux États-Unis? Pourquoi ou pourquoi pas?
7. En mai 1968, est-ce que les étudiants et les ouvriers aiment de Gaulle?
8. Que fait-il en réponse à leurs manifestations?
9. Pourquoi est-ce que de Gaulle se retire?

19 Georges Pompidou

Le 15 juin 1969, M. Georges Pompidou, ancien Premier ministre du général de Gaulle, est élu président de la République.

Georges Pompidou est fils d'instituteurs. Il est né en 1911 à Montboudif, en Auvergne. C'est un homme cultivé, réservé, méditatif et aimable. Il aime la poésie et est l'auteur d'une anthologie de poésie française qui semble indiquer qu'il préfère les poèmes de Baudelaire.

Pendant la Seconde Guerre mondiale, Pompidou enseigne le français, le latin et le grec au lycée Henri IV à Paris.

Un jour après la guerre le général de Gaulle dit à René Brouillet, directeur adjoint de son cabinet: «Trouvez-moi un agrégé° qui sache écrire... » Brouillet pense tout de suite à Pompidou, son ancien camarade de l'École normale°. Alors, sans même avoir été présenté au général, Pompidou se trouve chargé de l'Éducation nationale. Il s'occupe également de la politique intérieure. Les rapports° de Pompidou sont si brillants et si bien écrits que le général en est impressionné. Il décide immédiatement de faire de cet auteur son bras droit.

Un jour de Gaulle lui dit: «Pompidou! Ce nom ne fait pas sérieux. Si vous voulez arriver à quelque chose, il vous faut changer de nom.» Malgré son nom, M. Pompidou est allé loin. Il est devenu président de la République.

En 1946, M. Pompidou est nommé maître des requêtes° au Conseil d'État, une partie du gouvernement français qui étudie les lois et qui a pour but de résoudre les conflits entre l'administration et des individus. Il y travaille huit ans. En 1953, il est nommé directeur général de la banque Rothschild Frères. Bien vite les Rothschild découvrent qu'ils ont trouvé un génie des finances.

Le général de Gaulle revient au pouvoir en 1958. Il prend Pompidou comme Premier ministre en 1962. Il garde ce poste jusqu'en 1968. En 1969, il est élu président durant une période difficile: la situation financière de la France est pire qu'elle n'a été depuis longtemps.

Dès que M. Pompidou est élu président de la République, il fait comprendre au peuple qu'il va gouverner la France d'une façon très différente de celle de son prédécesseur. Pompidou ne gouverne pas comme un héros, mais de façon plus modeste. Il veut malgré tout augmenter le prestige de la France.

agrégé *someone who holds the highest teaching degree in France, l'agrégation*

l'École normale *teachers' training school*

rapports *reports*

maître des requêtes *rapporteur (someone who writes and delivers reports)*

M. Pompidou sent la nécessité d'une meilleure coopération entre les pays du Marché commun dans le domaine économique, monétaire, scientifique et technique. Il ne s'oppose pas à l'entrée de l'Angleterre dans le Marché commun. Il désire de meilleures relations entre la France et les États-Unis. Autrement dit, il cherche à créer un climat de compréhension réciproque entre tous les pays.

M. Pompidou cherche surtout à développer la puissance industrielle de la France. Il essaie d'améliorer la situation économique du pays. La France connait un redressement° économique, mais l'inflation et les problèmes économiques et sociaux restent des préoccupations constantes pour le président français jusqu'à sa mort, en avril 1974. La politique du général de Gaulle et de Pompidou s'appelle le gaullisme. Avec la mort de Pompidou, le gaullisme perd le pouvoir pour la première fois en quinze ans.

redressement *recovery*

Après la lecture

Répondez en faisant des phrases complètes.

1. Comment est Pompidou?
2. Pourquoi est-ce que Pompidou a impressionné de Gaulle?
3. Que fait le Conseil d'État?
4. Quand Pompidou est-il élu président?
5. De quels pays Pompidou tente-t-il de se rapprocher?
6. Quel type de climat politique international Pompidou cherche-t-il?
7. Est-ce que le redressement économique est complètement réussi sous Pompidou?
8. Comment s'appelle la politique du général de Gaulle et de Pompidou?

20 Valéry Giscard d'Estaing

En 1974, pour la première fois depuis seize ans, les Français élisent un non-gaulliste président de la République. Le nouveau président est Valéry Giscard d'Estaing, chef du Parti indépendant républicain. Son parti devient l'Union pour la démocratie française (UDF). C'est un parti centriste et modéré mais un peu à droite°. Les membres de ce parti s'allient souvent avec les gaullistes, mais ils ont aussi des conflits essentiels. En même temps qu'ils élisent Giscard, les électeurs ont donné aux gaullistes la majorité à l'Assemblée nationale.

à droite *on the political right, conservative*

À l'âge plutôt jeune de quarante-huit ans, Giscard commence sa présidence de sept ans sur un ton de grand optimisme. Il dit qu'il y aura de grands changements. En ce qui concerne son style personnel, il a certainement raison. Après son élection, cet homme jeune et agile se promène sur les Champs-Élysées en simple citoyen pour saluer et faire la connaissance d'autres citoyens. Il dîne chez des Français modestes. Il fait approuver le vote à dix-huit ans par l'Assemblée nationale.

Le nouveau président ne change pas la politique du gouvernement autant qu'on pourrait le croire. Tout d'abord, Valéry Giscard d'Estaing avait servi comme ministre des Finances aux cabinets du général de Gaulle et de Pompidou. Il était donc chargé de rétablir la stabilité et la crédibilité du franc. En plus, Giscard avait encouragé souvent ses collègues indépendants à l'Assemblée nationale à soutenir les programmes gaullistes. Pourtant

il s'était attiré finalement l'hostilité des
gaullistes en votant «non» contre de Gaulle
lors du référendum de 1969.

Pendant sa présidence, Giscard reprend bien
des programmes de bien-être social du
gouvernement Pompidou: par exemple, il
poursuit d'une façon vigoureuse la construction
d'hôpitaux, il augmente les allocations
familiales, et il établit des garderies° destinées
aux enfants des mères-ouvrières de France.
Conscient des problèmes des femmes, Giscard
établit pour la première fois le poste de
ministre pour la Condition féminine.

Pendant les années soixante-dix, il y a une
crise mondiale d'énergie. Souffrant, elle aussi,
de la crise d'énergie, la France sous Giscard
poursuit un programme ambitieux de
construction de centrales nucléaires—contre
l'opposition du Parti socialiste et celle des
militants du mouvement écologique du pays.
En plus, le gouvernement français signe des

garderies *day-care centers*

accords avec plusieurs pays arabes pour l'achat de pétrole° en échange d'armes françaises.

pétrole *oil*

Dans le domaine des affaires étrangères, Giscard se montre partisan de la coopération européenne et atlantique. Il soutient, par exemple, l'admission de l'Espagne, du Portugal et de la Grèce au marché commun européen. Il participe souvent à des réunions internationales avec les autres chefs du monde occidental. En 1979, par exemple, il est l'hôte d'une conférence importante en Guadeloupe avec le Président Jimmy Carter des États-Unis, le Premier ministre James Callaghan de la Grande-Bretagne et le Chancelier Helmut Schmidt de l'Allemagne de l'Ouest. Giscard s'intéresse aussi au destin des pays d'Afrique.

Giscard adopte une politique d'austérité économique pour combattre l'inflation. Il fait des efforts pour augmenter l'efficacité° des industries françaises. Cela provoque souvent des grèves comme celles déclenchées° en 1978 chez Renault, chez Moulinex, dans les chantiers navals°, à la poste, dans les chemins de fer et dans les aéroports. Un an plus tard, il y a des grèves importantes parmi° les employés de la télévision, de la Bourse° et des aciéries°.

efficacité *efficiency*

déclenchées *launched*

chantiers navals *shipyards*

parmi *among*

Bourse *Stock Exchange*

aciéries *steelworks*

Il connait des conflits avec les gaullistes en ce qui concerne la Communauté européenne. Ceux-ci critiquent aussi son intervention directe dans le gouvernement et sa politique économique. Jacques Chirac, un gaulliste qui était son Premier ministre, démissionne à cause de ce conflit. Giscard perd les votes de quelques gaullistes dans la prochaine élection présidentielle, ce qui contribue à sa défaite. Ces gaullistes ont préféré voter pour le candidat de gauche°, François Mitterrand.

de gauche *on the political left*

On a beaucoup critiqué Valéry Giscard
d'Estaing. On l'a accusé de froideur, on a dit
qu'il était orgueilleux, presque monarchique
au cours de sa présidence. Un journal a même
parlé d'un «roi sans couronne». Pendant la
campagne électorale de 1981, Giscard a essayé
de recréer son image de «citoyen-président» de
1974. Plus de tapisseries, par exemple, ni de
lustres° Louis XIV quand il parlait aux   **lustres** *chandeliers*
Français à la télévision!

Mais Giscard n'a pas réussi dans ses efforts
de rapprochement avec les électeurs. Le
candidat de gauche, François Mitterrand, est
mieux parvenu° à inspirer confiance aux   **parvenu** *succeeded*
électeurs.

Après la lecture

Répondez en faisant des phrases complètes.

1. De quel parti Valéry Giscard d'Estaing est-il membre?
2. Comment est-ce que son style personnel est différent de
   celui des autres présidents?
3. Qu'est-ce qu'il a fait dans les gouvernements du général
   de Gaulle et de Pompidou?
4. Quels types de programmes sociaux a-t-il créés?
5. Comment est-ce que Giscard a essayé de résoudre la crise
   économique?
6. Comment est-ce que les ouvriers ont répondu aux
   mesures d'austérité?
7. Pourquoi est-ce que Giscard est en conflit avec les
   gaullistes?
8. Comment est-il affecté par ce conflit?
9. Comment est-ce qu'il essaie d'être réélu?

21 François Mitterrand

Après plus de vingt ans de campagnes présidentielles, François Mitterrand, chef du Parti socialiste, réussit à réunir une coalition politique pour remporter la victoire. M. Mitterrand convainc les Français qu'un vote pour le Parti socialiste ne veut pas dire un accord avec l'Union soviétique et le bloc communiste. Mitterrand fait voir aux Français que le Parti socialiste, qui est plus modéré, n'est pas la même chose que le parti communiste soviétique.

Avec l'élection de Mitterrand et une majorité socialiste à l'Assemblée nationale, la gauche prend le pouvoir pour la première fois pendant la Cinquième République. Le transfert du pouvoir de droite à gauche sans changement de constitution montre la stabilité de la Cinquième République.

Les gens plus conservateurs° que le président s'inquiètent des changements à venir, et entre 1981 ct 1983, il institue quelques réformes. Les syndicats° et les travailleurs gagnent de nouveaux droits. La peine de mort° est abolie. Mitterrand nationalise les banques et d'autres industries. Mais en 1983, il y a des problèmes avec l'économie. Le monde financier international désapprouve des réformes de Mitterrand, et l'économie mondiale est en crise. Mitterrand ne peut plus poursuivre un programme socialiste et est obligé de poursuivre un programme plus à droite. Les gens de gauche qui ont voté pour lui se sentent abandonnés et les ouvriers organisent des manifestations.

En 1986, la droite gagne aux élections législatives. Pour la première fois pendant la

conservateurs *conservative*

syndicats *unions*

peine de mort *death penalty*

Cinquième République, le Président est d'un
autre parti que le Premier ministre et la
majorité de l'Assemblée nationale. Cette
situation s'appelle la cohabitation, et malgré°
les difficultés politiques, cela a marché.
Mitterrand se charge plutôt des affaires
internationales et le Premier ministre,
Jacques Chirac, se charge des affaires
intérieures. Dans la politique extérieure,
Mitterrand confirme son attachement à
l'alliance atlantique.

    Chirac modifie beaucoup des réformes de
politique intérieure de Mitterrand, ce qui
provoque des manifestations des lycéens et des
ouvriers.

malgré *despite*

Mitterrand est réélu en 1988 au nom d'une «France unie» et avec une politique modérée ou centriste. Les socialistes ont aussi regagné la majorité à l'Assemblée nationale.

En 1991, Mitterrand nomme une femme, Édith Cresson, comme Premier ministre. C'est la première fois que la France a une femme Premier ministre, et il est assez difficile pour elle d'être acceptée par les médias et les autres politiciens. Elle est Premier ministre pendant un an.

Au début des années quatre-vingt-dix, la politique ne favorise pas les socialistes. On annonce que Mitterrand a un cancer, et il y a des scandales financiers. Un régime de cohabitation est mis en place après les élections législatives de 1993. En 1995, Jacques Chirac est élu président.

Mitterrand meurt le 8 janvier 1996. Pendant sa présidence, des monuments sont construits tels que la Grande Arche de la Défense, le Grand Louvre et la Bibliothèque nationale qui porte son nom.

Après la lecture

Répondez en faisant des phrases complètes.

1. De quel parti François Mitterrand était-il chef?
2. De quelle façon est-il élu?
3. Comment sait-on que la Cinquième République est stable?
4. Quelles réformes Mitterrand a-t-il instituées?
5. Après 1983, pourquoi est-ce qu'il ne peut plus poursuivre un programme socialiste?
6. Quel groupe se sent abandonné et qu'est-ce qu'il fait?
7. Qu'est-ce que la cohabitation?
8. Comment est la politique de Mitterrand en 1988?
9. À quelles difficultés Édith Cresson fait-elle face?
10. Quels monuments sont construits sous Mitterrand?

22 Jacques Chirac, Nicolas Sarkozy et François Hollande

En 1995, Jacques Chirac est élu président. Son parti—gaulliste—s'appelle le Rassemblement pour la République (RPR). Chirac a servi dans le gouvernement de tous les présidents de la Cinquième République. Il est Premier ministre sous Giscard pendant deux ans. Il est maire de Paris de 1977 à 1995. Sous Mitterrand, de 1986 à 1988, Chirac est redevenu Premier ministre pendant la «cohabitation», une situation où le président doit travailler avec un Premier ministre d'un autre parti. Chirac organise des élections législatives en 1997, perdant ainsi la majorité, et le socialiste Lionel Jospin devient son Premier ministre.

Dès les années quatre-vingts, on voit la montée° de l'extrême droite, représentée par

montée *rise*

Jacques Chirac

Nicolas Sarkozy et François Hollande, avant la marche de solidarité pour Charlie Hebdo

le Front national (FN) de Jean-Marie Le Pen. Sa fille Marine Le Pen lui succède. Ce parti suggère que les immigrés sont responsables de certains problèmes sociaux et économiques et veut refuser la citoyenneté° française à leurs enfants. Le FN gagne quelques sièges à l'Assemblée nationale et des élections municipales, provoquant d'immenses manifestations antiracistes.

citoyenneté *citizenship*

En mai 2002, Jean-Marie Le Pen fait face à Chirac à l'élection présidentielle. Au deuxième tour°, Chirac gagne les élections avec presque quatre-vingt pour cent des voix. La France adopte l'euro, s'unifiant de plus en plus avec le reste de l'Europe dans l'Union européenne.

au deuxième tour *in the second round*

Nicolas Sarkozy, de l'Union pour un Mouvement Populaire (UMP), parti de centre-droit, est élu en 2007. Le mandat de Sarkozy est marqué par un style intensément personnel, par des réformes des universités et des retraites° et par des événements internationaux: la «Grande Récession» et la crise de la dette dans la zone euro. Il est président du Conseil de l'Union européenne pendant le second semestre 2008, et il préside la réintégration° de la France dans l'OTAN°. En 2012, Sarkozy est battu par le candidat socialiste François Hollande.

retraites *pensions*

réintégration *rejoining*
OTAN *NATO*

Le gouvernement de Hollande est le premier à respecter la parité°—avec autant de femmes que d'hommes ministres. François Hollande met en place divers mécanismes—la hausse de certains impôts° et des incitants° à la création d'emplois—pour faire face à la crise économique et au chômage°. Lors de «l'affaire Leonarda» il se trouve au centre des débats concernant l'immigration et le droit d'asile°. Il soutient sans hésiter la loi légalisant le mariage et l'adoption pour les couples de même sexe.

parité *parity, equality*

impôts *taxes*
incitants *incentives*

chômage *unemployment*

droit d'asile *right of asylum*

En 2013, Hollande fait intervenir les troupes françaises au Mali, puis lance une intervention en Centrafrique. La France fait partie de la coalition combattant l'État islamique en Iraq et au Levant (EIIL). Le 8 janvier 2015, Hollande décrète une journée de deuil° national à la suite de l'attentat° contre le périodique *Charlie Hebdo* du 7 janvier où vingt personnes sont mortes dont les trois terroristes.

deuil *mourning*

attentat *attack*

Après la lecture

Choisissez la bonne réponse.

1. Jacques Chirac a été Premier ministre et _____.
   a. candidat socialiste
   b. général français
   c. maire de Paris
2. Le Front national est le parti de _____.
   a. l'extrême droite
   b. la population immigrée
   c. Chirac
3. L'euro c'est la monnaie de/du _____.
   a. Marché commun
   b. l'Angleterre
   c. l'Union européenne
4. Sous le mandat de Nicolas Sarkozy _____.
   a. le parti socialiste prédomine
   b. la France rentre dans l'OTAN
   c. la zone euro n'a pas de problèmes
5. La parité, c'est _____.
   a. le partenariat domestique
   b. le chômage
   c. un nombre égal de femmes et d'hommes
6. François Hollande est _____.
   a. actif sur le plan international
   b. gaulliste
   c. non interventionniste

Révision 4

En 1958, pendant la guerre d'Algérie, une guerre civile a failli éclater en France. Le président Coty demande à de Gaulle de revenir au pouvoir. Une nouvelle constitution, celle de la Cinquième République, est approuvée par référendum. L'Algérie devient indépendante en 1962. De Gaulle essaie de créer une France forte; il fait stabiliser le franc et soutient le Marché commun, une alliance économique de pays européens. Il s'oppose à l'entrée de l'Angleterre dans le Marché commun et il retire la France de l'OTAN.

Dix ans plus tard, en mai 1968, il y a les manifestations historiques des étudiants et des ouvriers. La France est paralysée par des grèves. On réclame la démission du président de Gaulle. Celui-ci refuse et organise de nouvelles élections. Selon lui, la réussite de son parti prouve qu'on est d'accord avec sa politique. Mais en 1969, quand d'autres réformes sont rejetées, de Gaulle se retire.

Georges Pompidou lui succède comme président, gouvernant de façon plus modeste. Il travaille avec de Gaulle depuis 1944, ayant tenu le poste de Premier ministre. Georges Pompidou soutient le Marché commun et accepte l'adhésion de l'Angleterre. Lui, il désire de meilleures relations avec les États-Unis, mais les problèmes économiques continuent. Pompidou est mort en 1974 avant la fin de son mandat.

Ministre des Finances sous Pompidou, le non gaulliste Valéry Giscard d'Estaing, devient le prochain président. Plus jeune que ses prédécesseurs, son style est moins formel. L'économie française ne va toujours pas bien, et les mesures d'austérité que prend Giscard déplaisent aux ouvriers, qui font des grèves. Giscard s'allie avec les gaullistes, mais des conflits se développent. Beaucoup critiqué, Giscard perd la confiance de ses supporters de droite. En 1981, il n'est pas réélu pour un second mandat.

Le socialiste François Mitterrand succède à Giscard. Il propose de nombreuses réformes, mais, devant la crise mondiale économique, doit mener une politique plus modérée. Les électeurs de gauche se sentent abandonnés. Le parti socialiste perd la majorité aux élections législatives de 1986, et la «cohabitation»

s'établit. Mitterrand est réélu en 1988 avec un programme plus centriste.

Jacques Chirac est élu président en 1995. Les Français renversent la majorité à l'Assemblée nationale et instaurent une nouvelle cohabitation. Le Front national, un parti d'extrême droite, connaît un certain succès aux élections et provoque des manifestations antiracistes. En 2002, face à la candidature du chef du FN, les Français se rallient autour de Chirac et il est réélu. Le Marché commun devient l'Union européenne. La France et d'autres pays européens adoptent l'euro et ils continuent à se rapprocher.

Nicolas Sarkozy, d'un nouveau parti de centre-droit, est élu en 2007. Son mandat est marqué par un style personnel. Il établit certaines réformes universitaires et sociales et doit confronter la «Grande Récession» et la crise de la dette dans la zone euro. La France réintègre l'OTAN. Sarkozy est candidat en 2012, mais il est battu par le socialiste François Hollande.

Le gouvernement de Hollande est le premier à respecter la parité, avec dix-sept femmes et dix-sept hommes ministres. Il met en place divers mécanismes «moins» socialistes pour faire face à la crise économique et au chômage. Il se trouve au centre des débats concernant l'immigration, mais soutient la loi légalisant le mariage pour les couples de même sexe. En janvier 2015, Hollande décrète une journée de deuil national à la suite de l'attentat meurtrier contre le périodique *Charlie Hebdo*.

Sur le plan international, Hollande fait intervenir les troupes françaises au Mali, puis lance une intervention en Centrafrique. La France fait partie de la coalition combattant l'État islamique en Iraq et au Levant (EIIL). En février 2015, aux côtés du chancelier d'Allemagne, François Hollande participe aux négociations entre la Russie et l'Ukraine.

Après la lecture

Répondez en faisant des phrases complètes.

1. Pourquoi est-ce que de Gaulle est rappelé au pouvoir?
2. Qu'est-ce qui se passe en mai 1968?
3. Dans quelles circonstances est-ce que de Gaulle se retire?
4. Quels aspects de la politique de Pompidou sont différents de ceux du général de Gaulle?
5. Comment sont les relations entre Giscard et certains de ses supporters de droite?
6. Est-ce que Mitterrand peut mener la politique socialiste qu'il a envisagée? Expliquez.
7. Pendant l'élection présidentielle de 2002, qui s'est présenté contre Chirac? Quel est le résultat?
8. Pendant son mandat, à quels problèmes économiques est-ce que Nicolas Sarkozy doit faire face?
9. Pourquoi y a-t-il une journée de deuil national le 8 janvier 2015? Qui décrète cette journée?

Des grandes figures de l'histoire

Choisissez la personne de la liste suivante qui a fait chaque action.

La Fayette　　　　　Jacques Cartier　　　　Vercingétorix
Napoléon Bonaparte　Le général Foch　　　　François Ier
Jeanne d'Arc　　　　Charles de Gaulle　　　Richelieu
Charlemagne　　　　Louis XI　　　　　　　Louis-Philippe
Henri II　　　　　　Henri IV　　　　　　　Napoléon III

1. _____ a pris possession du Canada au nom du roi de France.
2. _____ a délivré la France de l'Angleterre.
3. _____ était commandant en chef des armées alliées en 1918.
4. _____ a créé de nombreuses écoles. Sa taille égalait sept fois la longueur de son pied.
5. _____ a pris part à la guerre pour l'Indépendance en Amérique.
6. _____ a conquis une grande partie de l'Europe.
7. _____ a épousé Catherine de Médicis. Ses trois fils lui ont succédé.
8. _____ a changé de religion une fois devenu roi.
9. _____ avait pour conseiller son barbier. Son règne marque la fin du Moyen Âge.
10. _____ a défendu la Gaule contre César.
11. _____ a envoyé l'archiduc Maximilien au Mexique pour y établir un empire français.
12. _____ était le roi de la Renaissance.
13. _____ était le dernier roi de France.
14. _____ a dit «La France a perdu une bataille! Mais la France n'a pas perdu la guerre!»
15. _____ a défendu aux nobles d'avoir des châteaux forts et de se battre en duel.

Troisième partie

Histoires célèbres

La Dernière Classe

par Alphonse Daudet

«C'est fini... allez-vous-en.»

L'auteur: Alphonse Daudet 1840–1897

Alphonse Daudet is often called the "Spirit of Provence," for the region in southern France where he was born. After his father, a silk merchant, lost his money, Alphonse was unable to pursue his studies and took a job as an assistant teacher at the Collège d'Arles. His semi-autobiographical story *Le Petit Chose* (1868) contains details of his unhappy experience there.

At eighteen, Daudet went to Paris and worked for a newspaper; he also wrote a few plays during this time. Because of his poor health, he spent a winter in Algeria, where he obtained much inspiration for his later writings.

In 1874, his novel *Froment jeune et Risier aîné* was his first big success. He soon became one of France's most popular novelists and remains one of the most loved French writers. He had the exuberant imagination typical of French southerners. His collection of short stories, *Lettres de mon moulin,* written with the help of his friend, the poet Frédéric Mistral, evokes the charm and legends of Provence.

Daudet was a friend of Émile Zola, Gustave Flaubert, and the Goncourt brothers. There is no doubt that these great writers influenced him. He was a poet and a Realist with a sense of humor. The delightful adventures of *Tartarin de Tarascon* will live forever.

Daudet wrote his famous story *La Dernière Classe* shortly after the Franco-Prussian war, when France lost Alsace and Lorraine.

Ce matin, je suis en retard pour aller à l'école et j'ai peur d'être grondé°, car M. Hamel nous a dit qu'il allait nous interroger sur les participes et je n'en sais pas le premier mot. Un moment, l'idée me vient de manquer° la classe et d'aller me promener à la campagne.

grondé *scolded*

manquer *to miss*

Le temps est si chaud, si beau!

On entend chanter les oiseaux dans les bois, et dans le pré° Rippert, les Prussiens qui font l'exercice. Tout cela me tente° plus que la règle des participes; mais j'ai la force de résister, et je cours bien vite à l'école.

pré *meadow*

tente *tempts*

En passant devant la mairie°, je vois qu'il y a du monde° arrêté devant les affiches°. Depuis deux ans, c'est là que nous apprenons toutes les mauvaises nouvelles, les batailles perdues, les réquisitions, les ordres du gouvernement allemand; et je pense sans m'arrêter:

mairie *town hall*

il y a du monde *there are lots of people*
affiches *posters*

«Qu'est-ce que c'est encore?»

Alors, comme je traversais° la place en courant, le forgeron° Wachter, qui était là avec son apprenti° en train de lire l'affiche, me crie:

traversais *was crossing*

forgeron *blacksmith*

apprenti *apprentice*

—Ne te dépêche pas tant, petit; tu vas y arriver toujours assez tôt à ton école!

Je crois qu'il se moque de° moi; j'entre tout essoufflé° dans la petite cour de M. Hamel.

se moque de *is making fun of*
essoufflé *out of breath*

D'ordinaire, au commencement de la classe, il y a tant de bruit° qu'on entend jusque dans la rue les pupitres° ouverts, fermés, les leçons qu'on répète très haut tous ensemble en se bouchant les oreilles° pour mieux apprendre, et la grosse règle° du maître qui tape sur° les tables.

bruit *noise*

pupitres *desks*

se bouchant les oreilles *plugging our ears*
règle *ruler*
tape sur *bangs on*

«Un peu de silence!»

Je comptais sur tout ce bruit pour arriver à mon banc° sans être vu; mais, justement, ce jour-ci, tout est tranquille, comme un matin de dimanche. Par la fenêtre, je vois mes camarades déjà assis à leurs places, et M. Hamel qui passe et repasse avec la terrible règle en fer° sous le bras. Il faut ouvrir la porte et entrer au milieu de ce grand calme. Vous pensez si je suis rouge et si j'ai peur!

banc bench

fer iron

Eh bien! non. M. Hamel me regarde sans colère° et me dit tout doucement°:

colère anger
doucement softly

—Va vite à ta place, mon petit Franz; nous allions commencer sans toi.

Après la lecture

Répondez en faisant des phrases complètes.

1. Pourquoi est-ce que le petit Franz avait peur d'être grondé?
2. Sur quoi est-ce que M. Hamel va interroger les élèves?
3. Depuis deux ans, qu'est-ce qui se passe devant la mairie?
4. D'ordinaire, qu'est-ce qui faisait beaucoup de bruit au commencement de la classe?
5. Quelle est la réaction de M. Hamel quand Franz entre dans la cour?

Je vais tout de suite à mon pupitre. Alors seulement un peu remis° de ma frayeur°, je remarque que notre maître a mis sa belle redingote° verte, qu'il ne mettait que les jours d'inspection ou de distribution des prix. Du reste°, toute la classe avait quelque chose d'extraordinaire et de solennel. Mais ce qui me surprend le plus, c'est de voir au fond de la salle, sur les bancs qui restaient vides° d'habitude, des gens du village assis silencieux comme nous, le vieux Hauser avec son tricorne°, l'ancien maire, l'ancien facteur, et puis d'autres personnes encore. Tout ce monde-là paraissait° triste; et Hauser a apporté un vieil abécédaire° qu'il tient ouvert sur ses genoux, avec ses grosses lunettes posées en travers° des pages.

Pendant que je m'étonne de tout cela, M. Hamel est monté dans sa chaire°, et de la même voix douce et grave dont il m'a reçu, il nous dit:

—Mes enfants, c'est la dernière fois que je vous fais la classe. L'ordre est venu de Berlin de ne plus enseigner que l'allemand dans les écoles de l'Alsace et de la Lorraine... Le nouveau maître arrive demain. Aujourd'hui, c'est votre dernière leçon de français. Je vous prie d'être bien attentifs.

Ces quelques mots me bouleversent°. Ah! les misérables, voilà ce qu'ils avaient affiché à la mairie.

Ma dernière leçon de français!...

Et moi qui sais à peine° écrire! Comme je m'en veux° maintenant du temps perdu, des classes manquées à courir à travers la campagne. Mes livres que tout à l'heure

remis *recovered*	
frayeur *fright*	
redingote *frock coat*	
Du reste *Moreover*	
vides *empty*	
tricorne *three-cornered hat*	
paraissait *seemed*	
abécédaire *primer*	
en travers *across*	
chaire *teacher's desk*	
bouleversent *overwhelm*	
à peine *hardly*	
je m'en veux *I'm annoyed with myself*	

encore je trouvais ennuyeux°, si lourds à
porter, ma grammaire, mon histoire sainte me
semblent à présent de vieux amis qui me font
beaucoup de peine à quitter. C'est comme M.
Hamel. L'idée qu'il va partir, que je ne vais
plus le voir me fait oublier les punitions, les
coups de règle.

ennuyeux *boring*

Pauvre homme!

C'est en honneur de cette dernière classe
qu'il a mis ses beaux habits° du dimanche, et
maintenant je comprends pourquoi ces vieux
du village sont venus s'asseoir au bout de la
salle. Cela semble dire qu'ils regrettent de ne
pas y être venus plus souvent à cette école.
C'est aussi comme une façon de remercier°
notre maître de ses quarante ans de bons
services et de rendre leurs devoirs° à la patrie
qui s'en allait...

habits *clothes*

remercier *to thank*

rendre leurs devoirs *to pay homage*

Après la lecture

Répondez en faisant des phrases complètes.

1. D'habitude, quand est-ce que M. Hamel mettait sa belle redingote verte?
2. Qu'est-ce que M. Hamel dit aux élèves pour commencer la classe?
3. Est-ce que Franz est content d'apprendre qu'un nouveau maître va arriver demain?
4. Qui sont les personnes assises au fond de la salle?

J'étais là de mes réflexions, quand j'entends appeler mon nom. C'était mon tour de réciter. Comme j'ai regretté à ce moment de ne pas pouvoir dire tout au long cette fameuse règle des participes, bien haut, bien clair, sans une faute! Mais je m'embrouille° aux premiers mots, et je reste debout à trembler dans mon banc, le cœur gros°, sans oser° lever la tête. J'entends M. Hamel qui me parle:

—Je ne vais pas te gronder, mon petit Franz, tu dois être assez puni... Voilà ce que c'est. Tous les jours on se dit «Bah! j'ai bien le temps. Je peux apprendre demain.» Et puis tu vois ce qui arrive... Ah! ç'a été le grand malheur° de notre Alsace de toujours remettre son instruction à demain. Maintenant ces gens-là sont en droit de° nous dire: «Comment! Vous prétendiez être Français, et vous ne savez ni lire ni écrire votre langue!» Dans tout ça, mon pauvre Franz, ce n'est pas encore toi le plus coupable°. Nous avons tous notre bonne part de reproches à nous faire.

«Vos parents n'ont pas assez tenu à° vous voir instruits. Ils aimaient mieux vous envoyer travailler à la terre ou aux filatures° pour avoir quelques sous° de plus. Moi-même, n'ai-je rien à me reprocher? Est-ce que je ne vous ai pas souvent fait arroser° mon jardin au lieu de travailler? Et quand je voulais aller pêcher des truites°, je vous donnais congé°... »

Alors, d'une chose à l'autre, M. Hamel nous parle de la langue française, disant que c'est la plus belle langue du monde, la plus claire, la plus solide; qu'il faut la garder entre nous et ne jamais l'oublier, parce que, quand un peuple tombe esclave, tant qu'il tient bien sa

m'embrouille *become confused*

le cœur gros *with a heavy heart*
oser *daring*

malheur *misfortune*

sont en droit de *have a right to*

coupable *guilty*

tenu à *insisted upon*

filatures *mills*

sous *pennies*

arroser *water*

pêcher des truites *trout fishing*
donnais congé *gave a holiday*

langue, c'est comme s'il tenait la clef de sa prison... Puis il prend une grammaire et nous lit notre leçon. Je suis tout étonné de voir comme je comprends. Tout ce qu'il dit me semble facile, facile. Je crois aussi que je n'ai jamais si bien écouté et que lui aussi n'a jamais mis autant de patience à ses explications. Je pense qu'avant de s'en aller le pauvre homme veut nous donner tout son savoir°, nous le faire entrer dans la tête d'un seul coup.

savoir knowledge

La leçon finie, on passe à l'écriture. Pour aujourd'hui, M. Hamel nous a préparé des exemples tout neufs sur lesquels est écrit en belle écriture ronde: *France, Alsace, France, Alsace.* Cela fait comme des petits drapeaux° qui flottent tout autour de la classe. Il faut voir comment chacun s'applique°, et quel silence! On n'entend rien que le grincement° des plumes sur le papier. Des hannetons° entrent dans la salle de classe: mais personne n'y fait attention, pas même les tout petits qui s'appliquent à tracer leurs bâtons°, avec un cœur, une conscience comme si cela était encore du français... Sur le toit de l'école, des pigeons roucoulent° tout bas, et je me dis en les écoutant:

drapeaux flags

s'applique takes pains
grincement scratching
hannetons june bugs

bâtons strokes

roucoulent coo

«Est-ce qu'on ne va pas les obliger à chanter en allemand, eux aussi?»

De temps en temps, quand je lève les yeux de dessus ma page, je vois M. Hamel immobile dans sa chaire et fixant les objets autour de lui, comme s'il voulait emporter dans son regard toute sa petite maison d'école... Pensez! depuis quarante ans, il est là à la même place, avec sa cour en face de lui et sa classe toute pareille°. Seulement les bancs, les pupitres se sont polis, frottés° par l'usage; les arbres de la cour ont grandi° et celui qu'il a planté lui-même monte jusqu'au toit°. Quelle tristesse ça doit

toute pareille always the same
frottés rubbed

grandi grown

toit roof

être pour ce pauvre homme de quitter toutes ces choses, et d'entendre sa sœur qui va et vient dans la chambre au-dessus, en train de fermer leurs malles°! Car ils partent demain, s'en vont du pays pour toujours.

malles trunks

Tout de même, il a le courage de nous faire la classe jusqu'au bout. Après l'écriture, nous avons la leçon d'histoire: ensuite les petits chantent tous ensemble le BA BE BI BO BU. Là-bas, au fond de la salle, le vieux Hauser a mis ses lunettes et, tenant son abécédaire à deux mains, il épelle° les lettres avec eux. On voit qu'il s'applique lui aussi; sa voix tremble d'émotion, et c'est si drôle de l'entendre que nous avons tous envie de rire et de pleurer. Ah! je m'en souviendrai de cette dernière classe...

épelle spells

Tout à coup, l'horloge de l'église sonne midi, puis l'Angelus. Au même moment, les trompettes des Prussiens qui reviennent de l'exercice éclatent sous nos fenêtres... M. Hamel se lève, tout pâle dans sa chaire. Jamais il ne m'a paru si grand.

—Mes amis, dit-il, mes,... je...

Mais quelque chose l'étouffe°. Il ne peut pas achever° sa phrase.

étouffe chokes
achever to finish

Alors il se tourne vers le tableau, prend un morceau de craie et, en appuyant° de toutes ses forces, il écrit aussi gros qu'il peut:

appuyant pressing

VIVE LA FRANCE

Puis il reste là, la tête appuyée au mur, et sans parler, avec sa main il nous fait signe: «C'est fini... allez-vous-en.»

Répondez en faisant des phrases complètes.

1. Qu'est-ce qui se passe quand Franz doit réciter sa leçon?
2. Selon M. Hamel, quel a été le grand malheur de l'Alsace?
3. Pourquoi est-ce que M. Hamel n'a pas grondé le petit Franz?
4. Qu'est-ce que M. Hamel se reproche?
5. Comment est la dernière leçon?
6. Pourquoi est-ce que Franz pense que M. Hamel est triste?
7. Quel est l'oiseau qui roucoule?
8. Qu'est-ce que M. Hamel a écrit sur le tableau noir?

Le grand Michu

par Émile Zola

La révolte tournait à la révolution.

L'auteur: Émile Zola   1840–1902

É mile Zola's father was an Italian emigrant, and his mother was French. His father, an engineer, died when Émile was seven. The boy stayed in Aix-en-Provence until he was eighteen, when he moved to Paris and attended the Lycée Saint-Louis.

Although he had been a successful student in Provence, he did not do well in school in Paris, and he failed the **baccalauréat,** or final examinations, twice.

After he left school, he struggled trying to make a living in Paris, enduring two years of poverty before getting a job as a clerk at the Librairie Hachette. He became a journalist and wrote articles for *La Tribune, Le Petit Journal, L'Événement,* and *Le Figaro.* His first novel, *La Confession de Claude,* was published in 1865.

A subsequent novel, *Thérèse Raquin,* sold widely and made him famous. Critics of the time said that the book was obscene. Although pretending to be shocked by the scenes he described and the crudeness of his style, people enjoyed reading his books.

Zola wrote about the slums and the realities of life. His most famous novels are *L'Assommoir* (1877) and *Germinal* (1885).

He showed his courageous love for justice by coming to the defense of Captain Alfred Dreyfus, convicted in 1893 of selling military secrets to Germany. Zola wrote a series of articles called *«J'accuse»* for which he was sentenced to a year's imprisonment. He fled to England and did not return to France until 1899, when Dreyfus was given a new trial and declared innocent.

Émile Zola died in 1902 of carbon monoxide poisoning caused by a leaking stove in his apartment. His death was ruled an accident, but some people question this.

Anatole France rendered Zola a supreme homage at his death when he wrote, **«Il fut pour le moment la voix de la conscience humaine.»**

1

Un après-midi, à la récréation de quatre heures, le grand Michu me prend à part, dans un coin de la cour.

—Écoute, me dit-il de sa grosse voix, veux-tu en être°?

Je réponds sans hésiter: «Oui!» flatté d'être quelque chose avec le grand Michu. Alors il m'explique qu'il a en vue° un complot. Les confidences qu'il me fait me causent une sensation délicieuse que je n'ai jamais peut-être sentie depuis. Enfin, je vais avoir un secret à garder.

Aussi, pendant que le grand Michu me parle, je suis en admiration devant lui. Il m'initie d'une voix un peu rude°, comme un conscrit° dans lequel on a une médiocre confiance. Cependant, l'air enthousiaste que je dois avoir en l'écoutant finit par lui donner une meilleure opinion de moi.

Comme la cloche° sonne, quand nous allons tous deux prendre notre place pour entrer en classe, il me dit à voix basse:

—C'est entendu, n'est-ce pas? Tu es des nôtres°... Tu ne vas pas avoir peur, au moins... tu ne vas pas trahir°?

—Oh non! C'est juré°.

Il me regarde avec dignité, avec une vraie dignité d'homme, et me dit encore...

—Autrement, tu sais, je ne vais pas te battre, mais je vais dire partout que tu es un traître, et plus personne ne va te parler.

Je me souviens encore de l'effet que m'a produit cette menace. Elle m'a donné un courage énorme. Pour rien au monde ne vais-je le trahir.

en être *to be one of us*

en vue *in mind*

rude *gruff*
conscrit *draftee*

cloche *bell*

des nôtres *one of us*
trahir *to betray*
juré *sworn*

J'attendais avec impatience l'heure du dîner. La révolte allait éclater au réfectoire°.

Le grand Michu était du Var°. Son père, un paysan qui possédait quelques terres, s'est battu en 1851, pendant l'insurrection provoquée par le coup d'État de Louis Napoléon. Laissé comme mort dans une plaine, il a réussi à se cacher. Quand il est revenu, on l'a laissé tranquille. Seulement, depuis ce moment tous les gens du pays l'appelaient «ce brigand de Michu.»

Ce brigand, cet honnête homme illettré°, a envoyé son fils au collège d'A... Nous savions vaguement cette histoire au collège, ce qui nous faisait regarder notre camarade comme un personnage terrible.

Le grand Michu était, d'ailleurs, beaucoup plus âgé que nous. Il avait près de dix-huit ans, bien qu'il n'était qu'en quatrième°. Mais on n'osait le plaisanter°. C'était un de ces garçons qui apprennent difficilement, qui ne devinent rien; seulement, quand il savait une chose, il la savait à fond° et pour toujours. Fort, il régnait en maître pendant les récréations. Avec cela, d'une douceur extrême. Je ne l'ai jamais vu qu'une fois en colère; il voulait étrangler° un pion° qui nous enseignait que tous les républicains étaient des voleurs et des assassins.

Ce n'est que plus tard, lorsque j'ai revu mon ancien camarade dans mes souvenirs, que j'ai pu comprendre son attitude douce et forte.

Le grand Michu était satisfait au collège, ce qui était pour nous un étonnement. Il n'y avait qu'une chose qui le torturait: la faim. Le grand Michu avait toujours faim.

Je ne me souviens pas d'avoir vu quelqu'un avec tant d'appétit. Lui qui était très fier, il allait quelquefois jusqu'à jouer des comédies humiliantes pour obtenir un morceau de pain,

réfectoire *dining hall*

Var *department in southern France on the Mediterranean*

illettré *illiterate*

quatrième *French equivalent of eighth grade*
le plaisanter *to poke fun at him*

à fond *thoroughly*

étrangler *to strangle*
pion *proctor*

un déjeuner ou un goûter. Élevé en plein air, dans les montagnes, il souffrait encore plus cruellement que nous du peu de nourriture qu'on nous donnait au collège.

C'était là un de nos grands sujets de conversation dans la cour. Nous autres, nous étions des délicats. Je me rappelle surtout une certaine morue° à la sauce rousse et certains haricots à la sauce blanche qui étaient le sujet d'une complainte générale. Les jours où ces plats apparaissaient, nous ne cessions de protester. Le grand Michu, par respect humain, criait avec nous, bien qu'il aurait mangé volontiers° les six portions de sa table.

Le grand Michu se plaignait° seulement de la quantité de la nourriture. Le hasard, comme pour l'exaspérer, l'avait placé au bout de la table, à côté du pion, un petit homme maigre qui nous laissait fumer en promenade°. La règle était que les maîtres d'étude avaient droit à deux portions. Aussi, quand on servait des saucisses, fallait-il voir° le grand Michu regarder du coin de l'œil les deux saucisses posées sur l'assiette du petit pion.

—Je suis deux fois plus gros que lui, me dit-il un jour, et c'est lui qui a deux fois plus à manger que moi.

On avait décidé à la fin de nous révolter contre la morue à la sauce rousse et les haricots à la sauce blanche.

Naturellement, les conspirateurs offrent au grand Michu d'être leur chef. Le plan de ces messieurs était d'une simplicité héroïque: ils allaient mettre leur appétit en grève°, refuser de manger jusqu'à ce que le proviseur° déclare solennellement que la nourriture allait être améliorée. L'approbation° que le grand Michu a donné à ce plan est un des plus beaux actes de sacrifice et de courage que j'ai connu. Il a

morue *codfish*

volontiers *willingly*

se plaignait *complained*

promenade *In French lycées, the boarders are taken for a long promenade every Thursday and Sunday, under the supervision of the pion.*
fallait-il voir *you should have seen*

en grève *on strike*

proviseur *headmaster*

approbation *approval*

accepté d'être le chef du mouvement avec le tranquille héroïsme de ces anciens Romains qui se sacrifiaient pour la chose publique°.

Pensez donc! Lui ne désirait pas voir disparaître la morue et les haricots; il ne souhaitait° qu'une chose, en avoir davantage°. Et on lui demandait de jeûner°! Il m'a avoué° depuis que jamais cette vertu républicaine que son père lui a enseignée, la solidarité, le dévouement° de l'individu aux intérêts de la communauté, n'a été si difficile à pratiquer.

chose publique *public good*

souhaitait *wished*
davantage *more*
jeûner *to fast*
avoué *admitted*

dévouement *devotion*

Après la lecture

Répondez en faisant des phrases complètes.

1. Quel genre de personne est le grand Michu?
2. Est-ce que le grand Michu se plaisait au collège?
3. De quoi souffrait-il le plus?
4. Qu'est-ce qu'un pion?
5. Pour quelle raison est-ce que les élèves décident de se révolter?
6. Le père du grand Michu l'avait enseigné quel genre de vertu?

2

Le soir, au réfectoire, c'était le jour de la morue à la sauce rousse, la grève a commencé avec un ensemble vraiment beau. Le pain seul était permis. Les plats arrivaient, nous n'y touchions pas, nous mangions notre pain sec. Et cela gravement, sans parler à voix basse comme nous en avions l'habitude. Il n'y avait que les petits qui riaient.

Le grand Michu a été superbe. Il est allé, ce premier soir, jusqu'à ne pas manger de pain. Il avait les deux coudes sur la table et regardait dédaigneusement° le petit pion qui mangeait.

dédaigneusement *disdainfully*

Cependant, le surveillant avait fait appeler le proviseur qui est entré dans le réfectoire comme une tempête. Il nous demande ce que nous pouvions reprocher à ce dîner, auquel il a goûté° et qu'il déclare exquis.

goûté *tasted*

Alors le grand Michu s'est levé.

—Monsieur, dit-il, c'est que la morue est pourrie°, nous ne pouvons pas la digérer°.

pourrie *rotten*
digérer *to digest*

—Ah! bien, crie le petit pion, sans laisser au proviseur le temps de répondre, les autres soirs, vous avez pourtant mangé presque tout le plat à vous seul.

Le grand Michu rougit° extrêmement. Ce soir-là on nous a envoyé simplement coucher, en nous disant que le lendemain nous allons avoir sans doute réfléchi°.

rougit *blushes*

réfléchi *reflected*

Le lendemain et le surlendemain, le grand Michu a été terrible. Les paroles du maître l'avaient frappé° au cœur. Il nous dit que nous étions des lâches° si nous cédions°. Maintenant il met tout son orgueil° à montrer que, lorsqu'il le voulait, il ne mangeait pas.

frappé *struck*

lâches *cowards*
cédions *yielded*
orgueil *pride*

Cela a été un vrai martyre. Nous autres, nous cachions tous dans nos pupitres du chocolat, des pots de confiture, jusqu'à de la charcuterie qui nous aidaient à ne pas manger tout à fait° sec le pain que nous mettions dans nos poches. Lui, qui n'avait pas un parent dans la ville et qui se refusait d'ailleurs de pareilles douceurs, n'avait que les quelques croûtes° qu'il pouvait trouver.

tout à fait *entirely*

croûtes *crusts*

Le surlendemain, le proviseur ayant déclaré que, puisque les élèves refusaient de toucher aux plats, il allait cesser de faire distribuer du pain, la révolte a éclaté au déjeuner. C'était le jour des haricots à la sauce blanche.

Le grand Michu, dont une faim atroce devait troubler la tête, s'est levé brusquement. Il a pris l'assiette du pion qui mangeait de bon appétit et l'a jetée au milieu de la salle; puis il s'est mis à chanter la Marseillaise d'une voix forte. Nous nous sommes tous sentis entraînés°. Les assiettes, les verres, les bouteilles ont dansé une jolie danse. Et les pions, enjambant° les débris, se sont hâtés° de nous abandonner le réfectoire. Le petit pion, dans sa fuite°, a reçu sur les épaules un plat de haricots dont la sauce lui a fait une large collerette° blanche.

entraînés *carried away*

enjambant *stepping over*

hâtés *hurried*

fuite *flight*

collerette *collar*

Cependant, il fallait fortifier la place. Le grand Michu est nommé général. Il fait mettre les tables les unes sur les autres, devant les portes. Je me souviens que nous avions tous pris nos couteaux à la main. Et on chantait toujours la Marseillaise. La révolte tournait à la révolution. Heureusement on nous a laissé à nous-mêmes pendant trois grandes heures. Il paraît qu'on était allé chercher la garde. Ces trois heures de tapage° ont suffi° pour nous calmer.

tapage *uproar*

ont suffi *were enough*

Il y avait au fond du réfectoire deux larges fenêtres qui donnaient sur la cour. Les plus timides ont ouvert doucement une des fenêtres et sont partis. Ils ont été peu à peu suivis par les autres élèves. Bientôt le grand Michu n'avait plus qu'une dizaine d'insurgés autour de lui. Il leur dit alors d'une voix brusque:

—Allez retrouver les autres; il suffit d'avoir un coupable.

Puis, s'adressant à moi qui hésitais, il a ajouté:

—Je te rends ta parole,° entends-tu!

Je te rends ta parole *I release you of your promise*
enfoncé *broke open*

Lorsque la garde a enfoncé° une des portes, elle a trouvé le grand Michu tout seul, assis tranquillement sur le bout d'une table, au milieu des assiettes cassées. Le soir même, il a été renvoyé° à son père. Quant à nous,° nous avons profité peu de cette révolte. On a évité bien pendant quelques semaines de nous servir de la morue et des haricots. Puis, ils ont reparu, seulement la morue était à la sauce blanche, et les haricots, à la sauce rousse.

renvoyé *sent back*
Quant à nous *As for us*

Longtemps après, j'ai revu le grand Michu. Il n'a pas pu continuer ses études. Il cultive à son tour les quelques bouts de terre que son père lui a laissés en mourant.

—J'aurais fait, m'a-t-il dit, un mauvais avocat ou un mauvais médecin, car j'avais la tête bien dure°. Pour moi, c'est mieux d'être paysan. N'importe, vous m'avez joliment lâché°. Et moi qui justement adorais la morue et les haricots!

j'avais la tête bien dure *I was thickheaded*
vous m'avez joliment lâché *you sure left me in the lurch*

Après la lecture

Répondez en faisant des phrases complètes.

1. Est-ce que le grand Michu aime la morue et les haricots?
2. Qui mangeait pendant la grève? Qui ne mangeait pas?
3. Pourquoi est-ce que les pions ont quitté le réfectoire?
4. Qui est resté au réfectoire?
5. Comment est-ce que la nourriture a changé?
6. Quelle profession fait le grand Michu?

Les Pêches

par André Theuriet

Il n'y avait pas un moment à perdre.

L'auteur: Andre Theuriet 1833–1907

Claude Adhémar André Theuriet was a very popular writer in his day. He was born in Marly-le-Roy, near Versailles, in 1833. He wrote both novels and poetry. His novels *Raymonde, Sauvageonne, Les Maugars,* and *La Maison des deux barbeaux* give a good picture of family life in the provinces. His style is clear, precise, and of exquisite taste.

As a poet, he was known as *«le poète des bois et de la campagne»*.

André Theuriet was a member of **l'Académie française.** It is interesting to note that this honor was never bestowed on Guy de Maupassant, Alphonse Daudet, or Émile Zola.

However, André Theuriet's books are rarely read nowadays, and most of them are out of print. He is known mainly for one short story, *Les Pêches,* which made him famous for all time.

La première fois que j'ai revu, après vingt-cinq ans, mon vieux camarade Vital Herbelot, c'était dans un banquet des anciens élèves d'un lycée de province où nous avions fait nos études. Ces sortes de réunions se ressemblent presque toutes: poignées de mains°, questions sur ce que chacun fait maintenant et surprise de voir les changements apportés par les années dans les physionomies° et les fortunes.

poignées de mains *handshakes*

physionomies *faces*

J'étais surpris de trouver un Vital Herbelot tout différent du garçon dont j'avais gardé souvenir. Je l'avais connu maigre°, timide et réservé; il avait toutes les qualités d'un jeune fonctionnaire° qui veut faire son chemin dans l'administration où sa famille l'a placé. Je revoyais un gaillard° solide, à la figure bronzée par le soleil. Avec ses cheveux coupés en brosse°, son costume de drap° anglais, sa barbe grise, il avait dans toute sa personne quelque chose d'aisé°, qui n'était pas celui d'un fonctionnaire.

maigre *thin*

fonctionnaire *civil servant*

gaillard *husky fellow*

coupés en brosse *crew cut*
drap *cloth*

aisé *free*

—Ah! ça, lui demandai-je, qu'es-tu devenu? N'es-tu plus dans l'administration?

—Non, mon ami, me répond-il, je suis tout simplement cultivateur... J'exploite à deux kilomètres d'ici, à Chanteraine, une propriété assez importante, où je cultive des vignes et en fais un petit vin dont je vais te faire goûter.

—En vérité, dis-je, toi, fils et petit-fils de bureaucrates, toi qu'on donnait comme le modèle des employés et auquel on prédisait° un brillant avenir, tu as abandonné ta carrière?

prédisait *predicted*

—Mon Dieu, oui.

—Comment cela est-il arrivé?

—Mon cher, réplique-t-il en riant, les grands effets sont souvent produits par les causes les plus futiles... J'ai donné ma démission pour deux pêches°.

—Deux pêches?

—Ni plus, ni moins, et quand nous aurons pris le café, si tu veux m'accompagner jusqu'à Chanteraine, je vais te dire cela.

Après le café, nous avons quitté la salle du banquet et tandis qu'en fumant un cigare nous marchions le long du canal, par une tiède° après-midi de la fin d'août, mon ami Vital a commencé son récit°:

—Tu sais, me dit-il, que mon père, vieil employé, ne voyait rien de comparable à la carrière des bureaux. Aussi, après avoir fini mes études au lycée, on m'a mis comme employé dans l'administration paternelle. Je n'avais pas de vocation bien déterminée et je me suis engagé docilement sur cette banale grande route de la bureaucratie, où mon grand-père avait lentement, mais sûrement cheminé. J'étais un garçon laborieux, discipliné, élevé dans le respect des employés supérieurs et la déférence qu'on doit aux autorités; j'ai donc été bien noté° par mes chefs et j'ai conquis rapidement mes premiers grades administratifs. Quand j'ai eu vingt-cinq ans, mon directeur m'a pris en affection, m'a attaché à ses bureaux; mes camarades m'enviaient. On parlait déjà de moi comme d'un futur employé supérieur et on me prédisait le plus bel avenir. C'est alors que je me suis marié. J'ai épousé une jeune fille très jolie, et, ce qui vaut mieux, très bonne et très aimante—mais sans fortune. C'était une erreur grave aux yeux du monde des employés dans lequel je vivais. On y est très positif, on ne voit guère° dans le mariage qu'une bonne affaire° et on y prend volontiers pour règle que

pêches *peaches*

tiède *warm*

récit *story*

bien noté *in good esteem*

ne voit guère *hardly see*

bonne affaire *good business*

«si le mari apporte à déjeuner, la femme doit apporter le dîner.» Ma femme et moi, nous avions à peine à nous deux de quoi souper°. On criait très fort que j'avais fait une sottise°. Plus d'un brave bourgeois de mon entourage disait que j'étais fou et que je gâchais° à plaisir° une belle situation. Mais comme ma femme était très gentille et avait un bon caractère, comme nous vivions modestement, et qu'à force d'économies nous réussissions à joindre les deux bouts°, on a cessé de me critiquer et la société locale a continué à nous accueillir°.

souper *to have supper*

sottise *foolish act*

gâchais *was spoiling*

à plaisir *for the pleasure of it*

joindre les deux bouts *to make ends meet*

accueillir *to welcome*

Après la lecture

Répondez en faisant des phrases complètes.

1. Où est-ce que le narrateur a revu son vieux camarade?
2. Avait-il beaucoup changé?
3. Que faisait-il?
4. Quelle avait été l'occupation de son père et de son grand-père?
5. Qu'est-ce qu'il cultive?
6. Comment a commencé la carrière de Vital Herbelot?
7. Qu'est-ce que le monde des employés a pensé de son mariage?

2

Mon directeur était riche, il aimait le théâtre, recevait souvent, donnait de superbes dîners et de temps en temps invitait à une sauterie° les familles des fonctionnaires et des notables de la ville. À cette époque, ma femme très souffrante° était obligée de rester à la maison, et bien que j'aime lui tenir compagnie°, j'étais obligé d'assister aux réceptions habituelles, car mon chef n'admettait pas qu'on décline ses invitations, et chez lui, ses employés devaient s'amuser par ordre.

Un soir, il y a eu un grand bal à la direction; il me fallait donc mettre mon habit noir et y aller.

À l'heure du départ, ma femme me dit: «Cela va être très beau... N'oublie pas de bien regarder afin de tout me raconter en détail: les noms des dames qui sont à la soirée, leurs toilettes° et le menu du souper... Car il y a un souper; il paraît qu'on a fait venir de Paris quantité de bonnes choses... des primeurs°; on parle des pêches qui ont coûté trois francs la pièce... Oh! ces pêches!... Sais-tu! si tu étais gentil, apporte-moi une de ces pêches... »

J'ai essayé de lui faire comprendre que la chose était peu pratique et combien il était difficile à un monsieur en habit noir d'introduire un de ces fruits dans sa poche sans risquer d'être vu et mis à l'index°... Plus j'élevais° des objections et plus elle s'entêtait° dans sa fantaisie.

«Rien de plus facile au contraire!... Au milieu du va-et-vient° des soupeurs, personne ne regarde... Tu en prends une comme pour toi et tu la dissimules° adroitement°... Ne hausse° pas les épaules!... C'est vrai, c'est un enfantillage°, mais c'est si peu ce que je te

sauterie *informal dance*

souffrante *unwell*

tenir compagnie *to keep company*

toilettes *dresses*

primeurs *early fruits*

mis à l'index *blacklisted*
j'élevais *I raised*
s'entêtait *became stubborn*

va-et-vient *coming and going*

dissimules *conceal*
adroitement *skillfully*
hausse *shrug*

enfantillage *childish act*

demande... Promets-moi de m'en rapporter au moins une, jure-le moi!... »

Le moyen d'opposer un refus catégorique à une jeune femme qu'on aime, qui, à peine convalescente, va passer seule la soirée et penser à celles qui dansent là-bas!...

J'ai fini par murmurer une promesse vague et me suis hâté de partir, mais au moment où je prenais le bouton° de la porte, elle m'a rappelé. J'ai vu son beau visage pâle, ses grands yeux bleus tournés doucement vers moi, et elle me dit encore avec un sourire: «Tu me le promets?... »

bouton *knob*

Un très beau bal: des fleurs partout, des toilettes fraîches, un orchestre excellent. Le préfet, le président du tribunal, les officiers de la garnison, tout le dessus du panier°. Mon directeur avait tout fait pour donner de l'éclat° à cette fête dont sa femme et sa fille faisaient gracieusement les honneurs. À minuit, on a servi le souper et, par couples, les danseurs ont passé dans la salle du buffet. J'y suis allé, et, à peine entré, j'ai aperçu, en belle place, au milieu de la table, les fameuses pêches envoyées de Paris.

dessus du panier *cream of the crop*
donner de l'éclat *splendor*

Elles étaient magnifiques, les pêches! Disposées en pyramide dans une corbeille° de porcelaine, espacées et séparées par des feuilles de vigne. Rien qu'à les voir,° on devinait leur fine saveur parfumée. Elles excitaient l'admiration générale; plus je les contemplais, plus mon désir prenait la forme d'une idée fixe, et plus forte était ma résolution d'en prendre une ou deux. Mais comment? Mon directeur s'était réservé le plaisir d'offrir lui-même ses pêches à quelques privilégiés. De temps en temps sur un signe de mon chef, un maître d'hôtel prenait une pêche délicatement, la coupait à l'aide d'un couteau à lame° d'argent, et présentait les deux moitiés sur une assiette de Sèvres à la personne désignée. Quand les soupeurs, rappelés par un prélude

corbeille *basket*

Rien qu'à les voir *By just looking at them*

lame *blade*

de l'orchestre, se sont précipités dans le salon, il restait encore une demi-douzaine° de belles pêches sur le lit de feuilles vertes.

demi-douzaine half a dozen

J'ai suivi la foule°, mais ce n'était qu'une fausse sortie°. J'ai laissé mon chapeau dans un coin près de la porte—un chapeau haut de forme° qui m'a considérablement embarrassé pendant toute la soirée. Je suis rentré sous prétexte de le reprendre et, comme j'étais un peu de la maison, les domestiques° n'ont pas fait attention à moi. D'ailleurs ils étaient occupés à transporter à l'office° les assiettes et les verres qui avaient servi aux soupeurs, et à un certain moment, je me suis trouvé seul près du buffet. Il n'y avait pas une minute à perdre. Après un coup d'œil rapide à droite et à gauche, je me suis approché de la corbeille, j'ai fait rouler prestement° deux pêches dans mon chapeau, puis—très calme en apparence, très digne, bien que j'avais un affreux battement° de cœur—j'ai quitté la salle à manger en appliquant l'orifice° de mon chapeau contre ma poitrine°, l'y maintenant à l'aide de ma main droite passée dans l'ouverture de mon gilet°, ce qui me donnait une pose très majestueuse et presque napoléonienne.

foule crowd

fausse sortie sham exit

chapeau haut de forme top hat

domestiques servants

office pantry

prestement quickly

battement beating

orifice opening

poitrine chest

gilet waistcoat

Mon projet était de traverser doucement le salon, de m'esquiver° à l'anglaise, et, une fois dehors, de rapporter victorieusement les deux pêches enveloppées dans mon mouchoir.

m'esquiver to slip away

Après la lecture

Répondez en faisant des phrases complètes.

1. Pourquoi est-ce que Mme Herbelot n'est pas allée au bal?
2. Qu'est-ce qu'elle lui a demandé de faire?
3. Comment était la soirée?
4. Comment étaient les pêches?
5. Dans quoi est-ce que Herbelot les a cachées?

La chose n'était pas aussi facile que je l'avais pensé. On venait de commencer le cotillon°. Tout autour du grand salon il y avait un double cordon° d'habits noirs et de dames mûres°, entourant un second cercle formé par les chaises des danseuses; puis, au milieu, un large espace vide où valsaient° les couples. C'était cet espace qu'il me fallait traverser pour arriver à la porte de l'antichambre.

J'ai passé timidement entre les groupes, je serpentais° entre les chaises avec la souplesse d'une couleuvre°. Je tremblais à chaque instant qu'un brutal coup de coude dérange la position de mon chapeau et que les pêches tombent. Je les sentais balloter° dans l'intérieur du chapeau, et j'avais chaud aux oreilles et aux cheveux. Enfin, après bien des peines et bien des transes°, je suis entré dans le cercle au moment où on organisait une nouvelle figure: la danseuse est placée au centre des danseurs qui exécutent autour d'elle une ronde° en lui tournant le dos; elle doit tenir un chapeau à la main et en coiffer° au passage celui des cavaliers avec lequel elle désire valser. À peine avais-je fait deux pas, que la fille de mon directeur, qui conduisait le cotillon avec un jeune conseiller de préfecture, s'écrie:

«Un chapeau! Il nous faut un chapeau!»

En même temps elle m'aperçoit avec mon chapeau de forme collé° sur ma poitrine; je rencontre son regard et tout mon sang se fige°... je pâlis...

«Ah! me dit-elle, vous arrivez à point°, Monsieur Herbelot!... Vite, votre chapeau!... »

cotillon *dance characterized by many intricate figures and variations and changing of partners*
cordon *line*
mûres *mature*

valsaient *waltzed*

serpentais *wound my way*
couleuvre *grass snake*

balloter *rolling around*

transes *agony*

ronde *dance in a ring*
coiffer *to put on the head*

collé *stuck*

se fige *freezes*
à point *just in time*

Aussitôt, elle s'empare de° mon chapeau... si brusquement que, du même coup, les pêches roulent sur le parquet°.

Tu vois d'ici le tableau. Les danseuses riaient, mon directeur fronçait des sourcils°, les gens graves chuchotaient° en me montrant du doigt, et je sentais mes jambes fléchir°...

La jeune fille éclate de rire en me rendant mon chapeau:

«Monsieur Herbelot, me dit-elle d'une voix ironique, ramassez donc vos pêches!»

Les rires partent de tous les coins du salon, les domestiques eux-mêmes se tenaient les côtes°, et, pâle, hagard, chancelant,° je m'enfuis, plein de confusion; j'étais si affolé° que je ne trouvais plus la porte, et je suis parti, tout triste, conter° mon désastre à ma femme.

Le lendemain, l'histoire courait la ville°. Quand je suis entré dans mon bureau, mes camarades m'ont accueilli par un: «Herbelot, ramassez vos pêches!... » qui m'a fait monter le rouge au visage. Je ne pouvais pas faire un pas dans la rue sans entendre derrière moi une voix moqueuse° murmurer: «C'est le monsieur aux pêches!... » La place n'était plus tenable°, et huit jours après, j'ai donné ma démission.

Un oncle de ma femme exploitait une propriété aux environs de ma ville natale°. Je lui ai demandé de me prendre comme assistant. Il y a consenti et nous nous sommes installés à Chanteraine... Que te dire encore?... Il paraît que j'avais plus de vocation pour la culture que pour les paperasses°, car je suis devenu en peu de temps un agriculteur sérieux. Le domaine a prospéré si bien qu'à sa mort notre oncle nous l'a laissé par testament.

s'empare de *gets hold of*

parquet *floor*

fronçait des sourcils *was frowning*
chuchotaient *whispered*
fléchir *to give way*

se tenaient les côtes *held their sides from laughing*
chancelant *tottering*
affolé *frantic*

conter *to recount*

courait la ville *spread around town*

moqueuse *jeering*

tenable *bearable*

ville natale *birthplace*

paperasses *paperwork*

Répondez en faisant des phrases complètes.

1. Que faisaient les danseurs à la soirée?
2. Pourquoi est-ce que la danseuse avait besoin d'un chapeau?
3. Qu'est-ce qui s'est passé quand elle s'est emparé du chapeau de Monsieur Herbelot?
4. Qu'est-ce que la jeune fille a dit à Monsieur Herbelot, d'un ton ironique?
5. Comment appelait-on Herbelot après cette triste aventure?
6. Pourquoi a-t-il donné sa démission?

La Parure

par Guy de Maupassant

Elle n'avait plus son collier autour du cou.

L'auteur: Guy de Maupassant 1850–1893

No French writer has surpassed Maupassant in the art of writing short stories; he did it with perfection and his stories are considered classics. It is true that he had as a master one of France's greatest writers, Gustave Flaubert, the author of *Madame Bovary.*

Maupassant was born in Normandy. He was educated at the seminary of Yvetot and later at the lycée of Le Havre.

He often spent his Sundays at Flaubert's country house near Rouen; Flaubert was his uncle's best friend.

During the Franco-Prussian war of 1870, Maupassant was drafted and served as a private in the **gardes mobiles.** After that, he became a civil servant and worked at the **ministère de la Marine** and the **ministère de l'Instruction Publique.** It was during that period of his life that he observed the world of bureaucrats and got the material for many of his short stories, such as *La Parure.*

Under Flaubert's direction, Maupassant started writing short stories for the Paris newspapers. *Boule de Suif,* published in 1880, made him famous overnight. From 1880 to 1891 he wrote about three hundred short stories and six novels.

Maupassant's stories, like those of O'Henry, nearly always have a surprise ending.

During the last years of his life, Maupassant was conscious of the fact that he was losing his mind. His brother Hervé had already become insane. Guy de Maupassant's condition became worse and worse, and he died in a home for mental patients in 1893.

C'était une de ces jolies et charmantes jeunes filles, née comme par une erreur du destin° dans une famille d'employés. Elle n'avait pas de dot°, pas d'espérance, aucun moyen d'être connue, comprise, aimée, épousée par un homme riche et distingué; elle s'était laissée marier avec un petit employé du ministère de l'Instruction publique.

Elle était simple, ne pouvant dépenser de l'argent pour s'habiller, mais malheureuse comme une déclassée°; car les femmes n'ont pas de caste ni de race, leur beauté, leur grâce et leur charme leur servant de naissance et de famille; leur finesse native, leur instinct d'élégance, leur souplesse° d'esprit sont leur hiérarchie et font des filles du peuple les égales des plus grandes dames.

Elle souffrait sans cesse, se sentant née pour toutes les délicatesses et tous les luxes. Elle souffrait de la pauvreté de son logement, de la misère des murs, de la laideur° de ses meubles°. Toutes ces choses, dont une autre femme de sa caste ne se serait pas aperçue°, la torturaient et l'indignaient. La vue de la petite Bretonne qui faisait son humble ménage° éveillait° en elle des regrets et des rêves. Elle songeait° aux antichambres somptueux et élégants, décorés de tentures° orientales, éclairés par de hauts chandeliers et aux grands valets en culotte courte°, qui dorment dans les larges fauteuils, assoupis° par la chaleur du calorifère°. Elle songeait aux grands salons aux murs couverts de soie ancienne, aux meubles fins portant des bibelots° inestimables, aux petits salons coquets°, parfumés, faits pour la causerie° de cinq heures avec les amis les plus intimes, les

destin *fate*
dot *dowry*

déclassée *person rejected by her own class*

souplesse *adaptability*

laideur *ugliness*
meubles *furniture*

aperçue *noticed*

ménage *housekeeping*
éveillait *awoke*
songeait *dreamed*

tentures *hangings*

culotte courte *knee breeches*
assoupis *made drowsy*
calorifère *radiator*

bibelots *trinkets*

coquets *stylish*
causerie *chat*

hommes connus et recherchés° dont toutes les
femmes envient et désirent l'attention.

Quand elle s'asseyait pour dîner devant la
table ronde couverte d'une nappe° de trois
jours, en face de son mari qui découvrait la
soupière° en déclarant: «Ah! le bon pot-au-feu°!
je ne sais rien de meilleur que cela... » elle
songeait aux dîners fins, aux argenteries°
brillantes, aux tapisseries peuplant les murs
de personnages anciens et d'oiseaux étranges
au milieu d'une forêt de féerie°; elle songeait
aux plats exquis servis en des vaisselles
merveilleuses, aux galanteries chuchotées et
écoutées avec un sourire de sphynx, tout en
mangeant la chair° rose d'une truite ou des
ailes° de poulet.

Elle n'avait pas de toilette, pas de bijoux,
rien. Elle n'aimait que cela; elle se sentait
faite pour cela. Elle aurait tant désiré plaire,
être enviée, être séduisante et recherchée.

Elle avait une amie riche, une camarade de
couvent, qu'elle ne voulait plus aller voir, tant
elle souffrait en revenant. Et elle pleurait des
jours entiers de chagrin, de désespoir et de
détresse.

recherchés *sought after*

nappe *tablecloth*

soupière *soup tureen*
pot-au-feu *stew*

argenteries *silverware*

féerie *fairyland*

chair *flesh*

ailes *wings*

Après la lecture

Répondez en faisant des phrases complètes.

1. Pourquoi est-ce que cette jeune femme était
   malheureuse?
2. À quelle sorte de maison songeait-elle?
3. Comment était son mari?
4. À quelle sorte de repas songeait-elle?
5. Pourquoi ne voulait-elle plus aller voir son amie riche?

Un soir son mari est rentré, l'air glorieux,
en tenant à la main une large enveloppe.

—Tiens, dit-il, voici quelque chose pour toi.

Elle ouvre vivement l'enveloppe et en tire°
une carte d'invitation qui porte ces mots:

«Le ministre de l'Instruction publique et Mme
Georges Ramponneau prient M. et Mme Loisel
de leur faire l'honneur de venir passer la soirée
à l'hôtel° du ministre, le lundi 18 janvier.»

Au lieu d'être enchantée, comme l'espérait son
mari, elle jette l'enveloppe sur la table disant:

—À quoi bon° est cela!

—Mais, ma chérie, je pensais que tu serais
contente. Tu ne sors jamais et c'est une
occasion, cela, une belle! J'ai eu une peine
infinie à l'obtenir. Tout le monde en veut; c'est
très recherché et on n'en donne pas beaucoup
aux employés.

Elle le regarde d'un œil irrité et elle déclare
avec impatience:

—Tu sais bien que je n'ai rien à me mettre
sur le dos pour aller là.

Il n'y avait pas songé; il lui dit:

—Mais la robe avec laquelle tu vas au
théâtre. Elle me semble très bien, à moi...

Il se tait stupéfait en voyant que sa femme
pleurait.

—Qu'as-tu?° qu'as-tu?

Par un effort violent, elle se contrôle et lui
répond d'une voix calme en essuyant° ses
joues humides:

—Rien. Seulement je n'ai pas de toilette et
par conséquent je ne peux pas aller à cette
fête. Donne ta carte à quelque collègue dont la
femme est mieux habillée que moi.

Elle est désolée. Il lui dit:

tire pulls out

hôtel mansion

À quoi bon Of what use

Qu'as-tu? What's the matter with you?

essuyant wiping

—Voyons, Mathilde. Combien est-ce que cela coûte une toilette convenable° qui peut servir encore en d'autres occasions, quelque chose de très simple?

Elle réfléchit quelques secondes, tâchant° d'estimer ce que coûte une robe en songeant à la somme qu'elle peut demander sans s'attirer un refus et une exclamation effarée° du fonctionnaire économe.

—Je ne sais pas au juste°, mais il me semble qu'avec quatre cents francs, je peux arriver.

Il pâlit un peu, car il réservait juste cette somme pour acheter un fusil° et s'offrir une partie de chasse° l'été suivant dans la plaine de Nanterre, avec quelques amis qui allaient chasser par là, le dimanche.

Il dit cependant:

—Soit!° Je te donne quatre cents francs. Mais tâche d'avoir une belle robe.

Le jour de fête approchait et Mme Loisel semblait triste, inquiète, anxieuse. Sa toilette était prête cependant. Son mari lui dit un soir:

—Qu'as-tu? Voyons, tu es toute drôle depuis trois jours.

Et elle répond:

—Cela m'ennuie de n'avoir pas un bijou, pas une pierre, rien à mettre sur moi. J'aurai l'air misère comme tout. J'aimerais presque mieux ne pas aller à cette soirée.

Il lui dit:

—Mets des fleurs naturelles! C'est très chic en cette saison-ci. Pour dix francs, tu peux avoir deux ou trois roses magnifiques.

Elle n'était pas convaincue.

—Non... il n'y a rien de plus humiliant que d'avoir l'air pauvre au milieu de femmes riches.

—Que tu es bête! Va trouver ton amie Mme Forestier et demande-lui de te prêter° des bijoux. Tu es assez intime avec elle pour faire cela.

—C'est vrai! C'est une bonne idée.

Le lendemain, elle va chez son amie et lui conte sa détresse.

Mme Forestier va vers son armoire à glace°, prend un large coffre°, l'apporte, l'ouvre, et dit à Mme Loisel:

—Choisis, ma chère.

Elle voit d'abord des bracelets, puis un collier° de perles, puis une croix vénitienne, or et pierreries° d'un admirable travail. Elle essaye les parures° devant la glace, hésite, ne pouvant se décider à les quitter, à les rendre. Elle demande toujours:

—Tu n'as rien d'autre?

—Mais si. Cherche. Je ne sais pas ce qui peut te plaire.

Tout à coup elle découvre dans un écrin° de satin noir un superbe collier de diamants; et son cœur se met à battre d'un désir immodéré. Ses mains tremblent en le prenant. Elle l'attache autour de son cou et demeure° en extase devant elle-même.

Puis, elle demande, hésitante, pleine d'angoisse°:

—Peux-tu me prêter cela, rien que cela?

—Mais oui, certainement.

Elle saute au cou de son amie, pleine de joie, puis s'enfuit avec son trésor.

armoire à glace *wardrobe*

coffre *box*

collier *necklace*

pierreries *precious stones*

parures *sets of diamonds*

écrin *jewel case*

demeure *remains*

angoisse *anguish*

Après la lecture

Répondez en faisant des phrases complètes.

1. Qu'est-ce qui était dans l'enveloppe?
2. Pourquoi Mme Loisel n'en est-elle pas heureuse?
3. Comment est-ce qu'elle a acheté une robe?
4. Pourquoi est-ce qu'elle n'est pas encore contente?
5. Qu'est-ce que Mme Loisel a choisi chez son amie?

Le jour de la fête arrive. Mme Loisel a un grand succès: elle est plus jolie que toutes, plus élégante, souriante et folle de joie. Tous les hommes la regardent, demandent son nom, cherchent à être présentés. Tous les attachés veulent danser avec elle. Le ministre la remarque.

Elle danse avec passion, exaltée par le plaisir, ne pensant à rien, dans le triomphe de sa beauté, dans la gloire de son succès, dans une sorte de nuage de bonheur° fait de tous ses désirs éveillés, de cette victoire si complète et si douce au cœur des femmes.

bonheur *happiness*

Elle part vers quatre heures du matin. Son mari, depuis minuit, dort dans un petit salon désert avec trois autres messieurs dont les femmes s'amusent beaucoup.

Il lui jette sur les épaules les vêtements qu'il a apportés pour la sortie, modestes vêtements de la vie ordinaire dont la pauvreté contrastait avec l'élégance de la toilette du bal. Elle le sent et veut s'enfuir pour ne pas être remarquée par les autres femmes qui s'enveloppaient de riches fourrures°.

fourrures *furs*

Loisel la retient°:

retient *holds back*

—Attends donc. Tu vas attraper froid dehors. Je vais appeler un fiacre°.

fiacre *cab*

Mais elle ne l'écoute pas et descend rapidement l'escalier. Lorsqu'ils sont dans la rue, ils ne trouvent pas de voiture; et ils se mettent à chercher, criant après les cochers° qu'ils voient passer de loin.

cochers *coachmen*

Ils descendent vers la Seine, désespérés, grelottant° de froid. Enfin ils trouvent un de ces vieux fiacres noctambules° qu'on ne voit dans Paris que la nuit venue.

grelottant *shivering*

noctambules *night traveling*

Il les ramène° jusqu'à leur porte, rue des Martyrs, et ils remontent tristement chez eux. C'était fini pour elle. Et il songeait, lui, qu'il lui faudrait être au Ministère à dix heures.

Elle ôte° les vêtements dont elle s'était enveloppée les épaules, devant la glace, afin de se voir encore une fois dans sa gloire. Mais soudain elle pousse un cri°. Elle n'avait plus son collier autour du cou.

Son mari, à moitié déshabillé° déjà, demande:

—Qu'est-ce que tu as?

Elle se tourne vers lui, affolée.

—J'ai... j'ai... je n'ai plus le collier de Mme Forestier.

—Quoi... comment!... Ce n'est pas possible!

Et ils cherchent dans les plis° de la robe, dans les plis du manteau, dans les poches, partout. Ils ne le trouvent pas.

Il demande:

—Tu es sûre que tu l'avais en quittant le bal?

—Oui, je l'ai touché dans le vestibule du Ministère.

—Tu as dû le perdre dans le fiacre.

—Oui, c'est probable. As-tu pris son numéro?

—Non. Et toi, tu ne l'as pas regardé?

—Non.

Ils se contemplent, affolés. Enfin, Loisel se rhabille.

—Je vais, dit-il, refaire le chemin que nous avons fait à pied pour voir si je ne le retrouve pas.

Et il sort. Elle demeure en toilette de soirée, assise sur une chaise, sans pensée, désespérée.

Son mari rentre vers sept heures. Il n'a rien trouvé.

Il s'est rendu à la Préfecture de police, aux journaux pour faire promettre une

ramène brings

ôte takes off

pousse un cri utters a scream

à moitié déshabillé half undressed

plis folds

récompense°, partout enfin où un soupçon°
d'espoir le menait.

Elle a attendu tout le jour dans le même
état de désespoir devant cet affreux° désastre.

Loisel est revenu le soir, la figure pâlie; il
n'avait rien découvert.

—Il faut, dit-il, écrire à ton amie que tu as
cassé la fermeture° de son collier et que tu le
fais réparer. Cela va nous donner le temps de
nous retourner.

Elle écrit sous sa dictée.

Au bout d'une semaine, ils avaient perdu
toute espérance. Et Loisel, vieilli° de cinq ans,
déclare:

—Il faut voir à remplacer ce bijou.

Le lendemain, ils ont pris l'écrin qui l'avait
renfermé et se sont rendus chez le joaillier°
dont le nom se trouvait dedans.

Après avoir consulté ses livres, il dit:

—Ce n'est pas moi, madame, qui ai vendu
ce collier; j'ai dû seulement fournir° la boîte.

Alors, ils sont allés de bijoutier en bijoutier,
cherchant un collier pareil à l'autre,
consultant leurs souvenirs, malades tous deux
de chagrin et d'angoisse.

Ils trouvent dans une boutique du
Palais-Royal° un collier de diamants qui leur
paraît entièrement semblable à l'autre. Il
valait quarante mille francs. On le leur
laissait° à trente-six mille.

Ils prient donc le joaillier de ne pas le
vendre avant trois jours. Et ils font condition
que le bijoutier acceptait de le reprendre pour
trente-quatre mille, si le premier était
retrouvé avant la fin de février.

Loisel possédait dix-huit mille francs que lui
avait laissés son père. Il allait emprunter° le
reste.

Il se met donc à emprunter, demandant
mille francs à l'un, cinq cents à l'autre, cinq

récompense *reward*
soupçon *suspicion*

affreux *frightful*

fermeture *clasp*

vieilli *aged*

joaillier *jeweler*

fournir *to supply*

Palais-Royal *Paris quarter
where there are well-
known jewelers*

On le leur laissait *They were
letting them have it*

emprunter *to borrow*

louis° par là. Il signe des engagements ruineux, a affaire aux usuriers°, à toutes les races de prêteurs. Il compromet toute la fin de son existence, risque sa signature sans savoir même s'il pouvait y faire honneur et, épouvanté° par les angoisses de l'avenir, par la perspective de toutes les privations physiques et de toutes les tortures morales, il va chercher le collier qu'il paye trente-six mille francs.

Quand Mme Loisel remporte le collier à Mme Forestier, celle-ci lui dit d'un air ennuyé:

—Tu aurais dû° me le rendre plus tôt, car je pouvais en avoir besoin.

Elle n'a pas ouvert la boîte, ce que redoutait° son amie. Elle ne s'était donc pas aperçue de la substitution, ce que craignait Mme Loisel.

Après la lecture

Répondez en faisant des phrases complètes.

1. Est-ce que Mme Loisel s'est amusée au bal?
2. Qu'est-ce que son mari faisait pendant qu'elle dansait?
3. Comment est-ce que les Loisel sont rentrés chez eux?
4. Qu'est-ce que Mme Loisel a découvert, une fois rentrée chez elle?
5. Qu'est-ce que son mari a fait pour essayer de retrouver le collier de diamants?
6. Comment est-ce que M. Loisel a réussi à payer le collier?
7. Quelle est la réaction de Mme Forestier quand Mme Loisel lui donne le collier?

Mme Loisel a connu alors la vie horrible des nécessiteux. Elle en prend son parti, toutefois, tout d'un coup, héroïquement. Il fallait payer cette dette effroyable°. Elle payerait.

effroyable *dreadful*

On renvoie° la bonne; on change de logement; on loue° sous les toits une mansarde°. Elle fait elle-même les travaux odieux° de la cuisine. Elle lave la vaisselle, usant ses ongles° roses sur les poteries° grasses et le fond des casseroles. Elle savonne° le linge sale° qu'elle fait sécher° sur une corde; elle descend à la rue, chaque matin, les ordures°, et monte° l'eau, s'arrêtant à chaque étage pour souffler°. Et, habillée comme une femme du peuple, elle va chez le fruitier, chez l'épicier, chez le boucher, le panier sous le bras, marchandant,° insultée, défendant sou à sou son misérable argent.

renvoie *dismiss*

loue *rent*

mansarde *attic*

odieux *hateful*

ongles *fingernails*
poteries *pots and pans*
savonne *soaps*

linge sale *dirty clothes*
fait sécher *dries*

ordures *garbage*
monte *brings up*
souffler *to get her breath*

marchandant *bargaining*

Il fallait chaque mois payer les promesses de payer°, en renvoyer d'autres, obtenir du temps.

promesses de payer *promissory notes*

Le mari travaillait le soir à faire la comptabilité° d'un commerçant, et la nuit, il faisait de la copie à cinq sous la page.

comptabilité *accounting*

Et la vie a duré ainsi dix ans.

Au bout de dix ans, ils avaient tout restitué, tout avec l'accumulation des intérêts superposés°.

intérêts superposés *accrued interest*

Mme Loisel semblait vieille maintenant. Elle était devenue la femme forte, et dure, et rude des familles pauvres. Mal peignée,° avec les jupes de travers° et les mains rouges, elle parlait haut, lavait à grande eau° les parquets.

Mal peignée *Untidy*

de travers *crooked*

à grande eau *with lots of water*

Mais, parfois, lorsque son mari était au bureau, elle s'asseyait auprès de la fenêtre, et elle songeait à cette soirée d'autrefois, à ce bal où elle avait été si belle et si fêtée.

Que serait-il arrivé° si elle n'avait pas perdu cette parure? Qui sait? qui sait? comme la vie est bizarre, changeante! Comme il faut peu de choses pour vous perdre ou vous sauver!

Que serait-il arrivé *What would have happened*

Or, un dimanche, comme elle était allée faire une promenade aux Champs-Élysées, elle aperçoit tout à coup une femme qui se promenait avec un enfant.

C'était Mme Forestier, toujours jeune, toujours belle, toujours séduisante.

Mme Loisel hésite un moment. Allait-elle lui parler? Oui, certes. Et maintenant qu'elle avait payé, elle lui dirait tout? Pourquoi pas?

Elle s'approche.

—Bonjour, Jeanne.

L'autre ne la reconnaît pas, s'étonne d'être appelée familièrement par cette bourgeoise.

—Mais... madame!... Je ne... Vous devez vous tromper.

—Non. Je suis Mathilde Loisel.

Son amie pousse un cri.

—Oh!... ma pauvre Mathilde, comme tu as changé!...

—Oui, j'ai eu des jours bien durs depuis que je t'ai vue; et bien des misères... et cela à cause de toi!...

—De moi!... Comment ça?

—Tu te rappelles bien cette parure de diamants que tu m'as prêtée pour aller à la fête du Ministère.

—Oui. Eh bien?

—Eh bien, je l'ai perdue.

—Comment! puisque tu me l'as rapportée.

—Je t'en ai rapporté une autre pareille. Et voilà dix ans que nous la payons. Tu comprends que ça n'était pas facile pour nous qui n'avions rien... Enfin, c'est fini et je suis bien contente.

Mme Forestier s'était arrêtée.

—Tu dis que tu as acheté une parure de diamants pour remplacer la mienne?

—Oui. Tu ne t'en es pas aperçu, hein! Elles étaient bien pareilles°.

pareilles *similar*

Et elle souriait d'une joie orgueilleuse et naïve.

Mme Forestier, très émue°, lui prend les deux mains.

émue *moved*

—Oh! ma pauvre Mathilde! Mais la mienne était fausse... Elle valait au plus° cinq cents francs!

Elle valait au plus *It was worth at most*

Après la lecture

Répondez en faisant des phrases complètes.

1. Comment est la vie de Mme Loisel?
2. Combien de temps leur fallait-il pour payer la dette?
3. Comment est-ce que Mme Loisel a changé?
4. Qui a-t-elle rencontré Avenue des Champs-Élysées?
5. Comment expliquez-vous que son amie ne l'as pas reconnue?
6. Quelle était la valeur du collier de diamants que Mme Loisel a perdu?
7. Quelle était la valeur du collier de diamants que Mme Loisel a rendu à Mme Forestier?
8. Supposons que vous êtes à la place de Mme Forestier: allez-vous garder le collier ou le donner à Mme Loisel?

Answer Key

The following are possible answers to the questions that follow each reading.

Première partie

1. A. 1. True 2. True 3. Non, à l'école de Marc, il y a des garçons et des filles français. 4. Non, l'école de Julie est petite. 5. Non, il s'appelle Raoul. 6. Non, elle est américaine. **B.** 1. français
2. grande 3. fille 4. Franklin

2. A. 1. Non, Marc parle français très bien parce qu'il est français.
2. Non, en France, tout le monde parle français. 3. True 4. True
5. Non, le chien de Julie s'appelle Chouchou. 6. True **B.** tous les chiens

3. A. 1. False. L'immeuble des Dupont a six étages. 2. False. L'appartement des Dupont n'a pas l'air conditionné. 3. True
4. Marc n'a pas de sœurs. 5. False. Dans le salon des Dupont, il y a un piano. 6. False. Il y a des portraits dans le salon. 7. False. Il n'y a pas de lit dans le salon. 8. True 9. True 10. False. Monsieur Dupont est pilote. **B.** Answers will vary.

4. A. 1. False. Il est journaliste. 2. False. Ils ont une maison à Paris. 3. False. Elle n'a pas de voiture. 4. True 5. True 6. False. L'été à Paris, il fait beau. 7. True 8. True 9. Elle aime le ski et le vélo. **B.** 1. journaliste 2. hiver 3. photographe 4. musicienne

Révision 1. 1. Marc est français. 2. Ils sont américains. 3. Ils habitent à Paris. 4. Il a une télé et une guitare dans sa chambre.
5. Elle fait du ski et du vélo et elle étudie le piano. 6. Chouchou est un chien.

Mots croisés 1. *Horizontalement:* 5. professeur 8. chien 9. école
10. chef *Verticalement:* 1. voiture 2. chambre 3. hiver 4. avec
6. rencontre 7. fille

5. A. 1. Ils appellent le professeur «monsieur». 2. Il dit «C'est évidemment à moi de vous apprendre la politesse.» 3. Il dit «He's strict.» 4. Oui, il est défendu de parler anglais dans la classe. 5. Il ne comprend pas le français. **B.** Answers will vary.

6. A. 1a, 2c, 3c, 4a, 5c, 6b **B.** 1. Elle 2. Il 3. Il 4. Elle 5. Il 6. Elle

7. A. 1. Elle s'envole de nouveau. 2. Ils voient la mouche sur la tête du professeur. 3. Il se donne un coup sur la tête. La mouche est sur sa tête. 4. Elle vole vers la fenêtre. 5. Ils sont tristes. **B.** 1. 2-4-3-1 2. 3-1-4-2

8. A. 1. Il veut dire *I'm cold*. 2. Elle a froid parce que la fenêtre est ouverte. 3. «Chaud» est le contraire de «froid». 4. Il donne l'exemple de «Je suis froid» (on parle de son tempérament) et «J'ai froid» (on parle du temps). 5. «Faire» est un verbe français qui veut dire plusieurs choses en anglais. **B.** 1. ai 2. a 3. as 4. est 5. fait 6. a 7. a 8. est 9. fait 10. sont

9. A. 1. Non, on ne veut pas parler des mouches et du plafond avec ses amis. 2. Selon Marc, les expressions et les mots «chérie», «chou» et «O.K.» sont utiles à savoir. 3. Chouchou ne comprend pas parce que «Chou» est son nom, ce n'est pas le nom de Julie. 4. Pour lui le mot «O.K.» signifie «Maintenant on va faire une promenade». 5. Le verbe «assister» signifie «être présent». 6. On les appelle des «faux amis». 7. Il y a toujours des exceptions. **B.** 1. In (a) «apprendre» means *to learn* and in (b) it means *to teach*. 2. In (a) «chou» means *cauliflower*, in (b) it is a term of endearment, like *honey*. 3. a. «veut dire», b. It means *wants to say*.

10. A. 1. Non, il n'est pas nécessaire. 2. Ils sont d'origine latine. 3. a. restaurant b. président c. client d. urgent e. élégant 4. L'expression «sans blague» veut dire *no kidding*. **B.** Answers will vary.

Révision 2. 1. Il est français. 2. Il est défendu de parler anglais en classe de français. 3. Elle est sortie par la fenêtre. 4. «J'ai froid» parle du temps et «Je suis froid» parle de son tempérament. 5. Ça peut être à cause de l'origine des mots.

Mots croisés 2. *Horizontalement:* 1. être 3. défendu 4. Ferme 6. par 7. assister *Verticalement:* 2. toujours 5. répéter 7. attend 8. savoir 9. sur

11. A. 1. Il est facile de savoir comment prononcer les mots à cause des accents. 2. Non, pour les Français l'anglais est une langue difficile à prononcer. 3. Oui, il y a toujours des exceptions. Par exemple, en anglais le pluriel du mot *goose* est *geese*, mais le pluriel du mot *book* est *books*. Et en français, le pluriel du mot «œil» est «yeux». 4. Answers will vary. 5. Le pluriel du mot «élan» est «élans», et le pluriel du mot *moose* est *moose*. **B.** 1. Answers will vary.

12. A. 1. Pour Julie, ce n'est pas logique que quelques mots français pour les animaux soient du genre masculin et d'autres féminins. 2. Oui, il a beaucoup d'évidence pour son argument. 3. Non, beaucoup de noms d'animaux ont un féminin. 4. Non, elle n'accepte pas l'explication de Marc. 5. Deux phrases qui montrent l'attitude de Julie sont «tu n'as pas raison» et «tu dis n'importe quoi». **B.** 1. a. anyone. He flirts with anyone. b. anyhow. He doesn't dress well. He dresses anyhow. c. any one. What movie do you want to see? It's all the same to me. Any one. d. any time. What time are we going? It's all the same to me. Any time. 2. I see that you say anything (it does not matter what) to impress the girls.

13. A. 1f, 2e, 3g, 4c, 5d, 6h, 7a, 8b **B.** Answers will vary.

14. A. 1. Le marteau est lourd. Le clou est pointu. 2. Il reste au bout de la ficelle en haut du grand mur blanc. 3. Il veut rendre furieux les gens et amuser les enfants. 4. C'est que Julie et lui restent de bons amis, c'est plus important de savoir qui a inventé le phonographe et le premier bateau à vapeur. 5. Il veut lui faire des excuses et veut dire qu'il regrette de l'avoir offensée. 6. Les vendredis soirs Julie va au Conservatoire. **B.** 1. It means *high, high up,* or *higher.* «Une échelle» is a ladder. 2. He holds the nail still or in place. 3. It suggests the sound of hammering.

15. A. 1. Oui, il lui a parlé, mais il n'y a pas eu de réconciliation.
2. Non, elle a refusé de lui parler. 3. Elle dit toujours: «Julie n'est
pas là.» 4. Marc a demandé à Bill de remettre un petit message
pour Julie. 5. Bill est venu chercher Julie au Conservatoire.
6. Il pense que Julie va lui téléphoner à cause de son message.
B. 1. to pass on (root verb: mettre). 2. to return (root verb: venir).
3. to discover (root verb: couvrir).

Révision 3. 1. Oui, il y des exceptions aux règles dans les deux
langues. 2. Elle se fâche parce qu'ils se disputent pour qui a inventé
le phonographe. 3. Elle lui explique que des inventeurs différents
ont contribué à la création des inventions comme le phonographe.
4. Quand Marc va parler à Julie au Conservatoire, il n'y a pas de
réconciliation. 5. Quand Marc téléphone chez Julie, elle ne lui parle
pas.

Mots croisés 3. *Horizontalement:* 5. mercredi 8. chatte 10. poème
Verticalement: 1. inventé 2. animaux 3. importe 4. train 6. fâchée
7. vache 9. clou

16. A. 1. Elle accepte de voir Marc à trois conditions: il ne va plus
lui dire qu'il a toujours raison; il admet que les Français n'ont pas
tout inventé; et il ne va plus parler des inventeurs français.
2. Il accepte ses conditions parce qu'il aime beaucoup Julie. 3. Elle
donne rendez-vous à Marc au jardin du Luxembourg. 4. Ils ont
rendez-vous à trois heures. 5. Elle va chez son coiffeur, donne un
bain à Chouchou, et met ses vêtements favoris avant d'aller au
rendez-vous. 6. Non, il arrive au rendez-vous bien avant l'heure.
7. Ils s'embrassent. 8. Oui, le mot *pal* est une exception à la règle.
9. L'expression «mon vieux» veut dire *my pal*. **B.** Chez le coiffeur.
Answers will vary.

17. A. 1. Ils sont fermés le mardi. 2. L'entrée au musée est gratuite
pour les moins de dix-huit ans. 3. Ils prennent le métro. 4. Les
chiens n'ont pas le droit de monter dans le métro. 5. Elle a des
médicaments à acheter. 6. Julie a un rhume. 7. Chouchou a l'oreille
mordue. 8. On achète de la glace au chocolat à la pâtisserie.
B. 1. l'entrée. 2. «Gratuit» veut dire «sans payer» et «libre» veut dire
«avoir le droit de faire quelque chose».

18. A. 1. Julie va acheter un autre ticket pour rentrer, mais la carte orange de Marc est bonne pour un mois. 2. Ils prennent le métro. 3. Non, ils ne peuvent pas monter dans le premier train parce que la porte automatique s'est déjà fermée. 4. Oui, ils changent de train au «Châtelet». 5. Ils ne doivent pas faire un kilomètre à pied pour changer de train. 6. Il les emmène à l'autre bout de la station Châtelet. **B.** 1. changer 2. fermée 3. Dépêchons 4. carte orange 5. à pied

19. A. 1. L'entrée est gratuite pour les moins de dix-huit ans. 2. Les parapluies et d'autres choses trop grandes sont interdits parce qu'on ne peut pas prendre le risque d'endommager une œuvre d'art. 3. Elle a été une victoire des Rhodiens. 4. Il trouve son information au bas de la statue. 5. On sait par sa taille et son attitude. 6. Mona Lisa est la femme de Francesco del Giocondo et le nom Giocondo en italien fait Joconde en français. **B.** 1. Il vient du verbe «savoir». «Savant» veut dire «sait beaucoup». 2. C'est un commencement. Les années dix-huit cent sont 1800, 1801, 1802, etc. Une expression équivalente en anglais est *the eighteen hundreds*.

20. A. 1. Elle écrit à sa grand-mère en français parce que sa grand-mère est née en France et elle sait encore parler français. 2. La Poste livre les lettres aux maisons et aux appartements. 3. Il faut avoir des timbres pour mettre une lettre dans la boîte aux lettres. 4. Ils aident la femme avec ses trois grands colis. 5. Elle va arriver dans à peu près une semaine. 6. Ils vont parler français ensemble. **B.** 1. beaucoup de monde 2. font la queue 3. à peu près 4. lui rendre visite

Révision 4. 1. Ils vont au jardin du Luxembourg avant d'aller au rendez-vous. 2. Il veut dire *pal*. 3. Il lui donne des pilules pour son rhume et il prépare une ordonnance pour Chouchou. 4. Ils vont à la pâtisserie. 5. Ils ratent le premier train parce que les portes se ferment vite. 6. Ils voient *la Victoire de Samothrace* et *la Vénus de Milo*. 7. Sa grand-mère est née en France. 8. Elle est contente parce qu'elle peut écrire et parler à sa grand-mère en français. **Un résumé de la première partie** Answers will vary.

Mots croisés 4. *Horizontalement:* 2. ticket 6. queue 7. descendre 9. île 10. pilules *Verticalement:* 1. gratuite 3. chez 4. tableaux 5. ouverts 7. déesse 8. station

Deuxième partie

1. 1. Ils s'appellent les Gaules. 2. Les Gaulois ont une civilisation guerrière, mais ils sont très avancés en agriculture et en artisanat. 3. Ils se battent ensemble contre les Romains. 4. Leur chef est Vercingétorix, du pays d'Auvergne. 5. Les Gaulois gagnent une grande victoire sur César à Gergovie. 6. Il a été obligé de se rendre à Alésia pour sauver ses soldats. 7. Les Français l'admirent pour son héroïsme et parce qu'il s'est sacrifié pour sauver la vie de ses soldats.

2. 1a, 2a, 3a, 4c, 5b

3. 1. Oui, Charlemagne était large, solide et grand. 2. Il ne savait pas écrire. 3. Il s'intéressait à l'instruction. 4. Ils devaient apprendre à lire, à écrire et à compter. 5. Il demande aux moines de recopier et d'illustrer les livres les plus connus de l'Antiquité latine. 6. La France, l'Allemagne et l'Italie faisaient partie de son empire. 7. Le pape veut lui montrer sa reconnaissance. 8. Aix-la-Chapelle est un point assez central.

4. 1. Le plus jeune fils de Louis Ier, Charles, reçoit la Gaule. 2. Les Vikings ont envahi la France. 3. La Normandie est donnée aux Normands. 4. Guillaume le Conquérant envahit l'Angleterre. 5. Les rois d'Angleterre possèdent beaucoup de territoire français. 6. Il est enterré en Normandie. 7. Elle représente le débarquement des Normands en Angleterre et toute l'histoire de la conquête de l'Angleterre.

5. 1. Blanche de Castille, la mère de saint Louis, a gouverné la France. 2. Il est célèbre pour sa bonté et ses jugements. 3. La Sorbonne est construite sous son règne. 4. Il les reçoit dans son palais et leur donne de la nourriture. 5. Il organise des croisades parce que son rêve est de reconquérir Jérusalem pour les chrétiens. 6. Les Européens sont fascinés par les objets précieux, les étoffes, les fruits et les épices d'Orient. 7. Il cherchait une meilleure route vers l'Inde.

6. 1. Il veut succéder au dernier roi de France. 2. Le roi de France, Charles VI, devient fou. 3. Ils pensent que la folie du roi est une punition de Dieu pour le désordre dans l'Église. 4. Ils voulaient de l'argent, du prestige et de l'influence sur le roi. 5. Il continue le conflit. 6. Ils ont une alliance avec les Bourguignons. 7. Ce traité déshérite le fils de Charles VI et reconnaît le roi d'Angleterre comme l'héritier de Charles VI. 8. Elle est persuadée d'avoir entendu des voix que lui ont ordonné de chasser les Anglais hors de France. 9. Elle est célèbre comme héroïne nationale, parce qu'elle a inspiré les Français dans la guerre pour libérer la France.

7. 1a, 2b, 3a, 4c, 5a

Révision 1. 1a, 2a, 3a, 4a, 5a

8. 1. Les rois français veulent conquérir le royaume de Naples et le duché de Milan. 2. Non, ils n'ont pas réussi. 3. Ils veulent imiter les palais de marbre splendides. 4. Cette période s'appelle la Renaissance. 5. Il a fait construire le château de Chambord et le château de Fontainebleau. 6. Il a remonté le fleuve Saint-Laurent au Canada jusqu'à la future ville de Montréal.

9. 1. Les trois rois, François II, Charles IX et Henri III, étaient frères. 2. Les catholiques et les protestants participent aux guerres de religion. 3. Il fait assassiner le duc de Guise, chef des catholiques. 4. Henri de Navarre est le successeur d'Henri III. Il est protestant. 5. Il se convertit pour mettre fin aux misères des guerres civiles. 6. Il veut «une poule au pot» pour chaque famille. 7. Il a fondé la ville de Québec sur les bords du fleuve Saint-Laurent. 8. Il autorise les protestants à vivre librement en France et pratiquer leur religion. 9. Il exemplifie les traits d'un bon Français.

10. 1. Le cardinal Richelieu est un homme d'État habile. 2. Il fait respecter le roi et lui obéir. 3. Richelieu a attaqué la ville jusqu'à la capitulation des protestants. 4. Il leur interdit d'avoir des châteaux forts. 5. La Martinique, la Guadeloupe, Saint-Domingue, le futur Haïti et Cayenne deviennent des territoires français. 6. Non, il est représenté de différentes manières, tantôt en homme très vilain tantôt en homme très bon. 7. Servir le roi et agrandir le prestige et le pouvoir du pays étaient les choses les plus importantes pour lui.

11. 1. Il est orgueilleux. 2. Il fait construire un palais immense à Versailles. 3. Leur seule occupation est d'honorer et de servir le roi. 4. Deux cent mille protestants quittent la France après la révocation de l'édit de Nantes. 5. Il donnait des pensions aux artistes. 6. Il a besoin d'argent pour ses guerres et pour sa cour. 7. Pendant l'hiver de l'an 1709, des centaines de milliers de paysans meurent de faim et de froid.

12. 1a, 2b, 3b, 4c, 5c, 6b, 7a

Révision 2. 1. Louis XI a obtenu la Lorraine, la Bourgogne et la Provence par voies diplomatiques. 2. La Renaissance française commence pendant les guerres d'Italie, quand François Ier invite des artistes italiens à venir en France. 3. Henri IV devient roi de France par succession. Pour se faire accepter par les catholiques, il se convertit au catholicisme. 4. Richelieu établit une monarchie qui se rapproche de l'absolutisme. 5. Il est le Roi-Soleil. 6. Ils ne l'aiment pas et l'appellent «le Mal-Aimé». 7. Il les convoque parce qu'il n'a pas d'argent. 8. Les gens qui font la révolution abolissent le roi et la monarchie. 9. La République française est établie et sa devise est «Liberté, égalité, fraternité».

13. 1. Napoléon Bonaparte est né à Ajaccio. 2. On l'a nommé général à l'âge de vingt-six ans. 3. Il veut couper la route des Anglais vers l'Inde. 4. Il a pu faire un coup d'État à cause de sa popularité et de la faiblesse du gouvernement. 5. Les habitants de la Russie mettent feu à une ville pour détruire les provisions et forcer la retraite de Napoléon. 6. La dernière bataille de Napoléon s'appelle Waterloo. 7. Non, la France n'a pas pu garder les pays qu'il avait conquis. 8. La base des lois en France s'appelle le Code Napoléon.

14. 1. Le règne de Louis XVIII dure neuf ans. 2. Non, la plupart des Français ne l'aiment pas beaucoup. 3. Le retour de Napoléon Ier

de l'île d'Elbe a interrompu le règne de Louis XVIII. 4. Il fait payer de grosses indemnités aux émigrés et essaie de supprimer une partie des libertés accordées aux Français après la Révolution. 5. Ils ont élevé des barricades à Paris. 6. Son cousin, Louis-Philippe, lui a succédé. 7. Il a refusé de modifier la loi électorale. 8. Tous les citoyens (hommes) de plus de vingt et un ans avaient désormais le droit de vote. 9. Louis-Napoléon Bonaparte, neveu de Napoléon Ier, a été élu président.

15. 1. Napoléon III veut la paix pour consolider sa politique intérieure, mais il a besoin de succès militaire pour servir son ambition. 2. C'est le droit d'arrêter le travail si les ouvriers ne sont pas d'accord avec leur patron. 3. Il soutient la construction des chemins de fer partout en France. 4. Ces guerres aboutiront à sa ruine. 5. Il lui fait croire que le peuple mexicain l'a choisi comme empereur. 6. Il est fait prisonnier par Benito Juárez, qui le fait fusiller. 7. Bismarck veut unifier les états d'Allemagne. 8. Les résultats de la guerre sont désastreux pour la France: elle perd l'Alsace et la Lorraine et est obligée de payer une indemnité de guerre énorme. 9. Une république, la Troisième République, est proclamée après le second Empire.

16. 1. L'Europe est tendue par la compétition entre les pays. 2. L'Angleterre et la Russie étaient les alliés de la France au début de la guerre, et en 1917, les États-Unis venaient aider la France. 3. Ils sont arrêtés lors de la bataille de la Marne. 4. Ils réquisitionnent tous les taxis de Paris pour aller de Paris à la Marne. 5. Après cette bataille, la guerre devient une guerre de tranchées. 6. Les Allemands essaient de prendre la forteresse de Verdun, mais les soldats français résistent héroïquement. 163 000 soldats français se font tuer. 7. Clemenceau est nommé premier ministre. 8. L'armistice est signé le 11 novembre 1918. 9. L'Alsace et la Lorraine reviennent à la France avec le traité de Versailles. 10. L'Allemagne est obligée de payer de grosses sommes d'argent à la France et aux autres alliés.

17. 1. La France construit «la ligne Maginot», un mur fortifié. 2. Elle est vaincue en six semaines. 3. Le maréchal Pétain signe l'armistice avec Hitler. 4. Le nord de la France est occupé par les

Allemands. 5. Pétain est un héros de la Première Guerre mondiale.
6. Il aide les nazis. 7. Il dit: «La France a perdu une bataille! Mais
la France n'a pas perdu la guerre!» 8. Ce groupe s'appelle les Forces
françaises libres. 9. Ces groupes s'appellent les «maquis». 10. De
Gaulle est acclamé par la population. 11. La Quatrième République
est une période d'instabilité.

Révision 3. 1. Il a profité de sa popularité et du désordre dans le
gouvernement. 2. C'est la Restauration de la monarchie. 3. Charles
X doit abdiquer parce qu'il ne soutient pas les libertés données par
la Révolution, et Louis-Philippe refuse de donner le droit de vote à
ceux que ne paient pas beaucoup d'impôts. 4. Il fait un coup d'État
et puis il se fait couronner empereur, et il participe à des guerres qui
le ruinent. 5. La Troisième République est établie après le second
Empire. 6. Ils ne peuvent pas avancer. 7. Pétain est le héros de la
bataille de Verdun. 8. Hitler reconstruit l'armée et commence une
nouvelle guerre. 9. Les Allemands occupent beaucoup de territoire
français et Pétain gouverne le reste de la France. Il collabore avec
les Allemands. 10. De Gaulle est le chef de la Résistance. 11. La
Quatrième République est établie après la guerre.

18. 1. Une guerre civile était prête à éclater à cause de la guerre
d'Algérie. 2. De Gaulle demande deux conditions: il aura les pleins
pouvoirs pendant six mois et une nouvelle constitution sera écrite.
3. Il donne l'indépendance aux Algériens. 4. C'est une période de
prospérité économique. 5. Le Marché commun est une association
commerciale de pays européens. 6. Il n'était pas populaire aux
États-Unis parce qu'il a rétabli les relations avec la Chine et il a
retiré la France de l'OTAN. 7. Non, ils demandent la démission du
général de Gaulle. 8. Il dissout l'Assemblée nationale et organise de
nouvelles élections. 9. La plupart des Français votent «non» aux
réformes.

19. 1. Pompidou est cultivé, réservé, méditatif et aimable. 2. Il se
trouve chargé de l'Éducation nationale, et ses rapports sont si
brillants et si bien écrits que de Gaulle en est impressionné. 3. Le
Conseil d'État étudie les lois et a pour but de résoudre les conflits
entre l'administration et des individus. 4. Il est élu président en
1969. 5. Il tente de se rapprocher de l'Angleterre et des États-Unis.

6. Il cherche un climat de compréhension réciproque entre tous les pays. 7. Non, l'inflation et les problèmes économiques restent des préoccupations constantes. 8. Sa politique s'appelle le gaullisme.

20. 1. Valéry Giscard d'Estaing est membre du Parti indépendant républicain. 2. Après son élection, il se promène en simple citoyen pour saluer d'autres citoyens, et il dîne chez des Français modestes. 3. Il avait servi comme ministre des Finances aux cabinets du général de Gaulle et de Pompidou. 4. Il poursuit la construction d'hôpitaux, il augmente les allocations familiales, et il établit des garderies destinées aux enfants des mères-ouvrières. 5. Il a adopté une politique d'austérité économique pour combattre l'inflation. 6. Ils ont fait des grèves. 7. Les gaullistes critiquent son intervention directe dans le gouvernement et sa politique économique. 8. Ce conflit contribue à sa défaite. 9. Il a essayé de recréer son image de «citoyen-président» de 1974.

21. 1. Mitterrand était le chef du Parti socialiste. 2. Il est élu parce qu'il réussit à réunir une coalition politique pour remporter la victoire. 3. Le transfert du pouvoir de droite à gauche sans changement de constitution montre la stabilité de la Cinquième République. 4. Les syndicats et les travailleurs gagnent de nouveaux droits, la peine de mort est abolie, et Mitterrand nationalise les banques et d'autres industries. 5. Après 1983, le monde financier international désapprouve des réformes de Mitterrand, et l'économie mondiale est en crise. 6. Les gens de gauche se sentent abandonnés et ils organisent des manifestations. 7. La cohabitation existe quand le Président est d'un autre parti que le Premier ministre et la majorité de l'Assemblée nationale. 8. En 1988 sa politique est modérée ou centriste. 9. Il est assez difficile pour Édith Cresson d'être acceptée par les médias et les autres politiciens. 10. La Grande Arche de la Défense, le Grand Louvre et la Bibliothèque nationale sont construits sous Mitterrand.

22. 1c, 2a, 3c, 4b, 5c, 6a

Révision 4. 1. De Gaulle est rappelé au pouvoir par le président parce qu'une guerre civile est sur le point d'éclater en France. 2. En mai 1968, les étudiants et les ouvriers manifestent contre le système universitaire et les conditions de travail. La France est paralysée par des grèves. 3. De Gaulle se retire en 1969 à la suite de nouvelles élections où ses réformes sont rejetées par les électeurs. 4. Pompidou gouverne de façon plus modeste. Il accepte l'entrée de l'Angleterre dans le Marché commun et il désire de meilleures relations avec les États-Unis. 5. Giscard s'est souvent allié avec les gaullistes, mais des conflits se sont développés entre Giscard et les gaullistes à cause de sa politique. 6. Mitterrand doit adopter une politique plus modérée à cause de la crise mondiale économique. 7. Le chef du Front national, un parti anti-immigré d'extrême droite, s'est présenté contre Chirac. Presque tous les électeurs se rallient autour de Chirac et il est réélu. 8. Sarkozy doit faire face à la «Grande Récession» internationale et la crise de la dette dans la zone euro. 9. Le président François Hollande décrète une journée de deuil national à la mémoire des victimes de l'attentat meurtrier contre le périodique *Charlie Hebdo*.

Des grandes figures de l'histoire 1. Jacques Cartier 2. Jeanne d'Arc 3. Le général Foch 4. Napoléon Bonaparte 5. La Fayette 6. Charlemagne 7. Henri II 8. Henri IV 9. Louis XI 10. Vercingétorix 11. Napoléon III 12. François Ier 13. Louis-Philippe 14. Charles de Gaulle 15. Richelieu

Troisième partie

La Dernière Classe

1. 1. Son professeur allait interroger les élèves sur les participes et Franz n'en savait pas le premier mot. 2. Il va interroger les élèves sur les participes. 3. Les citoyens apprennent toutes les mauvaises nouvelles, les batailles perdues, les réquisitions et les ordres du gouvernement allemand. 4. D'ordinaire, les élèves faisaient beaucoup de bruit au commencement de la classe. 5. Il regarde Franz sans colère et lui parle tout doucement.

2. 1. D'habitude, M. Hamel le mettait les jours d'inspection et de distribution des prix. 2. Il dit que c'est leur dernière leçon de français. 3. Non, cette nouvelle le bouleverse. 4. Les vieux du village sont assis au fond de la salle.

3. 1. Franz s'embrouille aux premiers mots et il reste debout à trembler dans son banc. 2. C'est de toujours remettre son instruction à demain. 3. Il dit que Franz n'est pas encore le plus

coupable. 4. Il reproche les parents, qui n'ont pas assez tenu à voir
Franz instruit. 5. La dernière leçon est l'écriture. 6. M. Hamel
7. Les pigeons roucoulent. 8. Il a écrit «Vive la France».

Le grand Michu

1. 1. Le grand Michu est un élève, un garçon de dix-sept ans.
2. Oui, il était satisfait au collège. 3. La faim le torturait le plus.
4. Un pion est quelqu'un qui aide les maîtres. 5. Ils décident de se
révolter contre la morue à la sauce rousse et les haricots à la sauce
blanche. 6. Il lui avait enseigné la solidarité et le dévouement de
l'individu aux intérêts de la communauté.

2. 1. Oui, il aime la morue et les haricots, mais il dit que la morue
est pourrie. 2. Tous les élèves mangeaient pendant la grève, mais le
grand Michu ne mangeait que les quelques croûtes qu'il pouvait
trouver. 3. Ils sont partis parce que les élèves jetaient les assiettes,
les verres et les bouteilles. 4. Le grand Michu est resté tout seul au
réfectoire. 5. On a évité pendant quelques semaines de leur servir
de la morue et des haricots. 6. Il fait paysan.

Les Pêches

1. 1. Le narrateur l'a revu au banquet des anciens élèves. 2. Oui, il
avait été un élève maigre, timide et réservé; au banquet, il était un
gaillard solide. 3. Il était cultivateur. 4. Ils avaient été
bureaucrates. 5. Il cultive des vignes. 6. Il a été bien noté par ses
chefs et il a conquis rapidement ses premiers grades administratifs.
7. C'était une grave erreur de se marier avec une fille sans fortune.

2. 1. Elle était très souffrante. 2. Elle lui a demandé de bien
regarder afin de tout lui raconter en détail et de lui apporter une
pêche. 3. La soirée était très belle. 4. Les pêches étaient
magnifiques. 5. Il les a cachées dans son chapeau.

3. 1. Ils dansaient le cotillon. 2. Elle doit tenir un chapeau à la
main et en coiffer au passage celui des cavaliers avec lequel elle
désire valser. 3. Les pêches sont tombées du chapeau et elles
roulaient sur le parquet. 4. Elle lui a dit «Monsieur Herbelot,

ramassez donc vos pêches». 5. On l'appelait «Monsieur aux pêches».
6. Il a donné sa démission parce que le bureau n'était plus tenable.

La Parure

1. 1. Elle était malheureuse parce qu'elle n'avait pas toutes les
délicatesses et tous les luxes pour lesquels elle se sentait née.
2. Elle songeait à une maison avec antichambres somptueuses et
grands salons aux murs couverts de soie ancienne. 3. Son mari était
un petit employé du ministère de l'Instruction publique. 4. Elle
songeait aux dîners fins, aux argenteries brillantes. 5. Elle souffrait
tant en revenant.

2. 1. Une carte d'invitation était dans l'enveloppe. 2. Elle n'a rien à
se mettre sur le dos pour la soirée. 3. Son mari lui a donné quatre
cents francs, qu'il réservait pour acheter un fusil. 4. Elle n'avait pas
un bijou à mettre. 5. Elle a choisi un superbe collier de diamants.

3. 1. Oui, elle s'est amusée au bal. 2. Après minuit il dort dans un
petit salon désert. 3. Ils sont rentrés chez eux dans un vieux fiacre
noctambule. 4. Elle a découvert qu'elle n'a plus le collier de Mme
Forestier. 5. Il a refait le chemin et s'est rendu à la Préfecture de
police; il a écrit aux journaux pour faire promettre une récompense.
6. Il possédait dix-huit mille francs et il a emprunté le reste. 7. Elle
a un air ennuyé.

4. 1. Sa vie est une vie horrible des nécessiteux. 2. Il leur fallait dix
ans pour payer la dette. 3. Elle était devenue la femme forte, dure
et rude des familles pauvres. Elle était mal peignée et semblait
vieille. 4. Elle a rencontré Mme Forestier. 5. Mme Loisel a
beaucoup changé. 6. Le collier de diamants que Mme Loisel a perdu
valait au plus cinq cents francs. 7. Le collier de diamants que Mme
Loisel a rendu à Mme Forestier valait trente-six mille francs.
8. Answers will vary.

Vocabulaire

à to; at; in
  à côté de next to
  à deux pas two steps away
abandonner to abandon
abdiquer to abdicate
l' **abécédaire** *m.* primer
abolir to abolish
aboutir to succeed, to end up at
l' **accent** *m.* accent
acclamer to cheer, to acclaim
accompagner to accompany
l' **accord** *m.* agreement
  d'accord okay
accorder to grant
accueillir to welcome; to receive
  graciously
acheter to buy
achever to complete, to finish
l' **aciérie** *f.* steelworks
acquérir to acquire
actuel(le) present
l' **adhésion** *f.* membership
l' **adjoint** *m.* assistant
l' **adresse** *f.* address
adroitement skillfully
affaiblir to weaken
l' **affaire** *f.* business
  avoir affaire à to have
    dealings with
  une bonne affaire a good
    business deal
l' **affiche** *f.* poster
affolé(e) frantic
affreux(se) frightful
afin de in order to
âgé(e) aged; old
agir to act
agrandir to enlarge
l' **agrégation** the highest teaching
  diploma in France
l' **agrégé(e)** one who holds the
  agrégation

agricole agricultural
aider to help
l' **aile** *f.* wing
ailleurs elsewhere
  d'ailleurs moreover
aimable nice
aimer to like, to love
aîné(e) elder, first born
ainsi thus
air *m.* air; appearance
  en plein air in the open air
aisé(e) free; natural; at ease
ajouter to add
l' **Allemagne** *f.* Germany
aller to go
  s'en aller to go away
  Ça te va bien That looks nice
    on you
les **allocations familiales** *f.* family
  subsidy
alors then
améliorer to improve
américain(e) American
l' **ami(e)** friend
l' **amour** *m.* love
amuser to amuse
  s'amuser to have a good time
l' **an** *m.* year
l' **ancêtre** *m.* ancestor
ancien(ne) *before the noun,*
  former; *after the noun,* ancient;
  old
l' **Anglais(e)** *m.* Englishman
  (Englishwoman)
l' **anglais** *m.* English (language)
anglais(e) English
l' **Angleterre** *f.* England
l' **angoisse** *f.* anguish
l' **animal** *m.* animal
l' **année** *f.* year
annuler to annul
l' **Antiquité** *f.* Antiquity
août *m.* August
apaiser to appease; to pacify
apercevoir to perceive; to notice

apparaître to appear
l' **apparence** *f.* appearance
l' **appartement** *m.* apartment
appauvrir to impoverish
l' **appel** *m.* call
   l'appel des noms roll call
s' **appeler** to be called; to be named
s' **appliquer** to take pains
apporter to bring
apprendre to learn
   apprendre à to teach
l' **apprenti** *m.* apprentice
l' **approbation** *f.* approval
appuyer to press; to lean
après after
l' **après-midi** *m.* afternoon
arbitrer to arbitrate; to settle a
   difference
l' **argent** *m.* money
l' **argenterie** *f.* silverware
l' **armoire à glace** *f.* wardrobe
arrêter to stop
l' **arrière** *m.* back
   en arrière backwards
l' **arrière-petit-fils** *m.*
   great-grandson
arriver to arrive; to happen
arroser to water; to sprinkle
l' **artisanat** *m.* arts and crafts
s' **asseoir** to sit down
assez enough
assiéger to besiege
l' **assiette** *f.* plate
assister à to attend
assoupir to make sleepy or
   drowsy
l' **atelier** *m.* workshop
attacher to attach; to tie
attendre to wait; to wait for
l' **attentat** *m.* attack
l' **attention** *f.* attention
attirer to attract
l' **attitude** *f.* attitude
attraper to catch
aucun(e) none; not any

augmenter to increase
aujourd'hui today; nowadays
aussi also; too
aussitôt immediately
l' **austérité** *f.* austerity
   la politique d'austérité
   economic policy leading to
   diminished consumer
   spending
autant as much, as many
autour around; about
autre other
autrefois formerly
autrement otherwise
l' **Autriche** *f.* Austria
autrichien(ne) Austrian
avant before
avec with
l' **avenir** *m.* future
l' **avion** *m.* plane
   par avion air mail
l' **avis** *m.* opinion
l' **avocat(e)** lawyer
avoir to have
   J'avais la tête bien dure
   I was thickheaded
   Vous m'avez joliment lâché
   You really let me down
   Ils n'ont pas le droit They
   don't have the right
   Qu'as-tu? What's wrong?
   avoir lieu to take place
avouer to admit
avril April

le **bain** bath
le **baiser** kiss
se **balancer** to swing
ballotter to roll around
le **banc** bench
le **barbare** barbarian
la **barbe** beard

le **barbier** barber
la **barque** small boat
bas(se) low
  en bas de at the bottom of
  tout bas in a whisper
le **bateau** boat
  bateau à vapeur steamboat
le **bâton** stroke
le **battement** beating
battre to beat
  se battre to fight
bavard(e) talkative
beau, bel, belle fine; beautiful
beaucoup much; many
  beaucoup de monde lots of
   people
la **beauté** beauty
la **belle-mère** mother-in-law
la **bergère** shepherdess
le **besoin** need
  avoir besoin to need
bête foolish
la **bête** creature
la **bêtise** stupidity
le **bibelot** trinket
la **bicyclette** bicycle
bien well; all right
  bien noté(e) in good esteem
  bien que although
  bien sûr of course
  Eh bien! Well!
  faire du bien to do good
le **bijou** jewel; jewelry
le **billet** ticket
la **blague** joke
  sans blague! no kidding!
blâmer to blame
blanc(he) white
blessé(e) wounded
bleu(e) blue
bloquer to block
le **bœuf** beef
boire to drink
la **boîte** box
bon(ne) good; kind
  à quoi bon of what use
le **bonheur** happiness
la **bonne** maid
la **bonté** kindness
le **bonsoir** good night; good evening
le **bord** edge

bossu(e) hunchbacked
boucher to cork
  se boucher les oreilles to
   hold one's hands on one's ears
le **boulanger** baker
la **boulangère** baker
bouleverser to overwhelm, to
  distress, to turn upside down
bourgeois(e) middle-class
  person
la **Bourse** stock exchange
bousculer to shove
le **bout** tip; end
la **bouteille** bottle
la **boutique** small shop
le **bouton** knob
le **bras** arm
le **brigand** rascal
broder to embroider
bronzé(e) tanned
la **brosse** brush
  cheveux coupés en brosse
   crew cut
le **bruit** noise
brûler to burn
le **but** aim; goal

ça that
cacher to hide; to conceal
le **cachot** cell
le **calorifère** central heating
la **campagne** country; campaign
la **capitulation** surrender
capituler to surrender
car for; because
la **carrière** career
casser to break
  se casser les bras to break
   his/her arms
la **casserole** saucepan
la **cause** cause
  à cause de because of
la **causerie** chat
ce, cet, cette this; that
  c'est this is
ceci this; that
céder to cede; to yield
cela that

célèbre famous
celui (celle) the one
  celui (celle)-là that one
cent one hundred
la **centaine** about a hundred
la **centrale nucléaire** nuclear reactor
cependant however
la **chair** flesh; meat
la **chaire** teacher's desk
la **chaise** chair
la **chambre** room
chanceler to be shaky on one's legs
la **chanson** song
chanter to sing
le **chantier naval** shipyard
le **chapeau** hat
  chapeau haut de forme top hat
chaque each
le **char** chariot
la **charcuterie** delicatessen meat
chargé(e) de in charge of
la **chasse** hunting
chasser to hunt; to drive out
le **chat** cat
le **château** castle
  château fort fortified castle
chaud(e) hot
  avoir chaud to be hot
le **chef** chief
  chef de cuisine chef
le **chef-d'œuvre** masterpiece
le **chemin** way; path
  chemin de fer railroad
cheminer to follow one's way
la **chemise** shirt
le **chêne** oak
cher(ère) dear; expensive
chercher to look for; to seek
chéri(e) dear; darling
le **cheval** horse
le **cheveu** hair
chez to; at the house of
chic elegant
le **chien** dog
le **chimpanzé** chimpanzee
chinois(e) Chinese
choisir to choose
le **chômage** unemployment

la **chose** thing
  chose publique public good
le **chou** cabbage
  mon chou term of endearment
chrétien(ne) Christian
chuchoter to whisper
la **chute** downfall
cinq five
le **citoyen** citizen
la **citoyenneté** citizenship
claquer to slam
la **clef** key
la **cloche** bell
le **clou** nail
le **cobra** cobra
le **cocher** coachman
le **cœur** heart
  le cœur gros with a heavy heart
  par cœur by heart
le **coffre** chest; safe; box
coiffer to cover, to top
le **coiffeur** barber; hairdresser
le **coin** corner
la **colère** anger
le **colis** package
coller to stick; to glue
le **collier** necklace
le **colon** settler
combien how much
comme like; as
commencer to begin
comment how, what
le **commerçant** merchant
comparaître to appear
compliqué(e) complicated
le **complot** plot
comprendre to understand
compris(e) included
compromettre to compromise
la **comptabilité** accounting
compter to count
le **comté** region ruled by a count; county
condamner to condemn
conduire to drive
la **confiance** confidence
  faire confiance à to trust
la **confiture** jam
confondre to confuse
le **congé** leave

la **connaissance** acquaintance
    faire la connaissance to meet
connaître to know
la **conquête** conquest
le **conscrit** draftee
le **conseiller** adviser; counselor
conservateur(trice)
    conservative
le **Conservatoire** Conservatory;
    music academy
conserver to keep; to preserve
la **consigne** checkroom
construire to construct
conter to tell; to relate
contre against
convaincre to convince
convenable suitable; decent
convertir to convert
    se convertir to convert
      oneself
convoquer to summon
le **copain** friend
la **copine** friend
le **coq** rooster
coquet(te) coquettish; stylish
la **corbeille** basket
la **corde** rope
le **cordon** line
la **Corse** Corsica
le **costume** suit
la **côte** rib
    se tenaient les côtes held
      their sides from laughing
le **côté** side
    à côté de beside
le **cotillon** a type of dance
le **cou** neck
le **coude** elbow
la **couleuvre** grass snake
le **coup** blow
    coup d'œil glance
coupable guilty
couper to cut
la **cour** court; courtyard
courir to run
    l'histoire courait la ville the
      story circulated around town
couronner to crown
le **courrier** mail
court(e) short
le **couteau** knife

coûter to cost
    coûte que coûte at all cost
coûteux(se) costly
la **coutume** custom
couvrir to cover
la **craie** chalk
craindre to fear
créer to create
le **cri** scream
    pousser un cri to scream
crier to shout
la **crise** crisis
le **crocodile** crocodile
croire to believe
la **croisade** crusade
le **croisé** crusader
la **croûte** crust
la **culotte courte** knee-breeches

d'abord at first
la **dame** lady
dans in
le **dauphin** king's eldest son
davantage more
le **débarquement** landing
débarquer to land
se **débarrasser** to get rid
debout standing up
le **début** beginning
décevoir to disappoint
la **déclassée** woman rejected by her
    own class
déclencher to set off
le **décor** décor, scenery
la **découverte** discovery
découvrir to discover
décrire to describe
dédaigneusement disdainfully
la **déesse** goddess
la **défaillance** weakness
la **défaite** defeat
défendre to forbid; to defend
défiler to march
dehors outside
déjà already
le **déjeuner** lunch
demain tomorrow
demander to ask

demeurer to remain
demi(e) half
la demi-douzaine half dozen
la démission resignation
donner sa démission
to resign
démissionner to resign
dépêcher to hasten
se dépêcher to hurry
la dépense expense
le dépit spite
en dépit de in spite of
déprimé(e) depressed
depuis since
déranger to disturb
dernier(ère) last
le derrière behind
dès since
dès que as soon as
désastreux(se) disastrous
descendre to descend; to go
down
le désespoir despair
déshabiller to undress
le désordre disorder
désormais from now on
dessus on; upon
le dessus du panier the cream
of the crop
le destin fate
la détresse distress
détruire to destroy
la dette debt
le deuil mourning
deux two
deux-tiers two-thirds
devant in front of
devenir to become
deviner to guess
la devise motto; slogan
le devoir duty
devoir to have to, to owe
Tu aurais dû You should have
la dévouement devotion
la dictée dictation
Dieu God
digérer to digest
dimanche Sunday
dire to say
la discussion discussion
dissimuler to conceal

dissoudre to dissolve
se distinguer to distinguish oneself
dix ten
docilement submissively
le domestique/la domestique
servant
le dommage damage
c'est dommage it's a pity
donc therefore
donner to give
donner de l'éclat to make
festive
se donner un coup sur la tête
to hit oneself on the head
dont whose; of which; of whom
dormir to sleep
la dot dowry
doucement softly, gently
la douceur gentleness
doux(ce) soft; sweet
douze twelve
le drap cloth
le drapeau flag
le droit right; straight
avoir le droit to have a right;
to be authorized
la droite political right,
conservatives
à droite to the right (turn, go);
on the conservative side
le duc duke
dur(e) hard
avoir la tête dure to be
thickheaded
la durée duration
durer to last

E

l' échelle f. ladder
l' éclat m. spark, vividness;
splendor
éclater to burst; to break out
éclater de rire to burst out
laughing
l' école f. school
École Normale teachers'
training college
écouter to listen
écraser to crush; to flatten out

l' **écrin** *m.* jewel case
écrire to write
l' **écriteau** *m.* sign, notice
l' **écriture** *f.* writing
l' **écrivain** *m.* writer
l' **édit** *m.* edict, decree
effaré(e) alarmed
l' **efficacité** *f.* efficiency
s' **efforcer** to make an effort
effroyable dreadful
égal(e) equal
égaler to equal
l' **église** *f.* church
élargir to enlarge
l' **élève** *m. or f.* pupil
élever to raise
élire to elect
elle she
elle-même herself
éloigné(e) far away
embarquer to embark
s' **embrasser** to kiss
s' **embrouiller** to become confused
l' **émigré(e)** expatriate, someone
who left his or her native
country
emmener to take along
s' **emparer** to get hold; to take
possession
l' **emploi** *m.* employment
l' **épargne** *f.* savings
l' **épaule** *f.* shoulder
hausser les épaules to shrug
one's shoulders
empêcher to prevent
l' **employé(e)** employee
emporter to carry away
emprunter to borrow
ému(e) moved
en in, at
en effet indeed
en train de travailler working
enchaîner to chain up, to link
encore still; again
endommager to damage
s' **endormir** to fall asleep
l' **endroit** *m.* place
énergique energetic
l' **enfant** *m. or f.* child
l' **enfantillage** *m.* childish act
enfin finally; at last

enfoncer to break open
s' **enfuir** to flee; to run away
l' **engagement** *m.* obligation
enjamber to step over
ennuyer to annoy
s' **ennuyer** to be bored
ennuyeux(se) boring
enregistrer to record
enseigner to teach
ensemble together
ensuite then
entendre to hear
c'est entendu it's understood,
it's agreed
entendre parler de to hear of
enterrer to bury
s' **entêter** to be stubborn
entier(ère) entire
s' **entourer** to surround oneself
entraîner to be carried away
entre between
l' **entrée** *f.* entrance
entreprendre to undertake
l' **entreprise** *f.* business
entrer to enter
envahir to invade
l' **envahisseur** *m.* invader
s' **envoler** to fly off
envoyer to send
épeler to spell out
l' **épice** *f.* spice
l' **épicier** *m.* grocer
l' **époque** *f.* age, era
épouser to marry
épouvanté(e) terrified
l' **erreur** *f.* error
l' **escalier** *m.* staircase
l' **esclave** *m. or f.* slave
espacé(e) spaced out
l' **Espagne** *f.* Spain
espérer to hope
l' **espion(ne)** spy
l' **espoir** *m.* hope
l' **esprit** *m.* spirit; mind; intellect
s' **esquiver** to sneak away
s'esquiver à l'anglaise to take
French leave
essayer to try
l' **essence** *f.* gasoline
essoufflé(e) out of breath
essuyer to wipe

et and

étage *m.* floor

l' **état** *m.* state

les **États-Unis** *m.* United States

l' **été** *m.* summer

l' **étoffe** *f.* fabric

l' **étoile** *f.* star

étonné(e) surprised; startled

s' **étonner** to be surprised

étouffer to choke

l' **étranger(ère)** foreigner; stranger

étranger(ère) foreign

étrangler to strangle

être to be

   en être to be a part of

   être basé à to be based at

   être en droit de to be right to

   Que serait-il arrivé What would have happened

étudier to study

éveiller to arouse; to awake

l' **événement** *m.* event

évidemment obviously

l' **exception** *f.* exception

l' **excuse** *f.* excuse

   faire des excuses to apologize

exercer to demand

exister to exist

expérimenter to test out

expliquer to explain

exploiter to manage

exquis(e) exquisite; delicious

fabriquer to manufacture

se **fâcher** to get angry

   Ne te fâche pas! Don't get mad!

facile easy

le **facteur** letter carrier

faible weak

la **faiblesse** weakness

la **faim** hunger

fainéant(e) idle; lazy

faire to make; to do

   se faire couper les cheveux to get a haircut

   faire de la boxe to box

   faire la queue to wait in line

   faire marcher to make something work

   faire une promenade to take a walk

le **fait** fact

falloir to have to

   fallait-il voir you should have seen

   Il fallait le dire! You should have said so!

fatigant(e) tiresome

faux(sse) false

   fausse sortie sham exit

la **fée** fairy

la **féerie** fairyland

la **femelle** female

la **femme** woman; wife

   femme de chambre maid

la **fenêtre** window

le **fer** iron

fermer to shut

la **fermeture** clasp

le **feu** fire

la **feuille** leaf; sheet

le **fiacre** cab

la **ficelle** string

fidèle faithful

fier(ère) proud

se **figer** to clot; to freeze

la **filature** spinning mill

la **fille** girl; daughter

le **fils** son

la **fin** end

finir to finish

fléchir to give away

la **fleur** flower

fleurir to flourish

le **fleuve** large river

la **flotte** fleet

flotter to float

la **foire** fair

la **fois** time

la **folie** madness

le **fonctionnaire** civil servant

le **fond** bottom; back; far end

   à fond thoroughly

fonder to found

la **force** strength; power

   à force de because of

   la force de la vapeur steam power

le **forgeron** blacksmith
fort(e) strong
fou (folle) crazy
la **foule** crowd, mob
fournir to supply
la **fourrure** fur
français(e) French
frapper to strike
la **fraternité** brotherhood
la **frayeur** fright
fréquemment frequently
le **frère** brother
frivole frivolous
froid(e) cold
la **froideur** coolness
le **fromage** cheese
froncer les sourcils to frown
frotter to rub
la **fuite** flight
la **fureur** fury, anger
   mettre en fureur to enrage
furieux(se) furious
le **fusil** gun
fusiller to execute by firing squad
   faire fusiller to have someone
     shot

gâcher to spoil
gagner to win, to gain
le **gaillard** husky fellow
le **garage** garage
le **garçon** boy
garder to guard; to keep
la **garderie** day-care center
la **gare** *f.* station
le **gâteau** cake
la **gauche** *f.* left (direction or
   political)
   à gauche to the left
   de gauche from the left
Génial! Cool!
le **génie** genius
le **genou** knee
le **genre** gender; kind; sort
les **gens** *m.* people
gentil(le) nice
le **gentilhomme** gentleman
gentiment nicely; sweetly

le **gilet** waistcoat
la **glace** ice; ice cream; mirror
le **goût** taste
le **goûter** afternoon snack
goûter to taste
grâce à thanks to; on account of
grand(e) big; great; large; tall
grandir to grow up, to get taller
la **grand-mère** grandmother
gras(se) greasy
gratuit(e) free of charge
grave serious; solemn
grec(que) Greek
grelotter to shiver
la **grève** strike
le **grincement** scratching
gronder to scold
gros(se) big
guère, ne... guère hardly,
   scarcely
le **guerrier** warrior
guerrier(ère) warrior, warlike
le **guichet** ticket window

habile clever
l' **habileté** *f.* skill
s' **habiller** to dress
habiter to dwell; to inhabit;
   to live
les **habits** *m.* clothes
le **hanneton** june bug
le **hareng saur** *m.* red herring
le **haricot** bean
le **hasard** *m.* fate
   par hasard accidentally
se **hâter** to hasten
la **hausse** increase
hausser to raise
   hausser les épaules to shrug
     one's shoulders
haut(e) high
   en haut up high
l' **herbe** *f.* grass
l' **héritage** *f.* inheritance
hériter to inherit
l' **héritier** *m.* heir
l' **héritière** *f.* heir
héroïquement heroically

l' **heure** *f.* hour
    quart d'heure quarter hour
heureux(se) happy
l' **histoire** *f.* history; story
l' **hiver** *m.* winter
l' **homme** *m.* man
    homme d'État statesman
l' **hôpital** *m.* hospital
l' **horloge** *f.* clock
hors out
l' **hôte** *m.* host
l' **hôtel** *m.* hotel; mansion
huit eight

ici here
l' **idée** *f.* idea
l' **identité** *f.* identity
il he
    il y a there is, there are
    il y a du monde there are lots
      of people
l' **île** *f.* island
illettré(e) illiterate
l' **immeuble** *m.* building
l' **immigré(e)** immigrant
l' **impératrice** *f.* empress
l' **imperméable** *m.* raincoat
importer to matter
    n'importe quoi anything
    qu'importe! never mind!
l' **impôt** *m.* tax
impressionnant(e) impressive
impressionner to impress
les **incitants** *m.* incentives
l' **indemnité** *f.* compensation,
    allowance
infatigable tireless
injurier to insult
insister to insist
instaurer to institute
l' **instituteur(trice)** teacher
l' **instruction** *f.* education
interdire to forbid
intéresser to interest
l' **intérêt superposé** *m.* accrued
    interest
interroger to interrogate; to
    question

interrompre to interrupt
    Ne m'interrompez pas!
      Don't interrupt me!
inutile useless

jamais never
    Jamais de la vie! Never!
janvier January
le **jardin** garden
jeter to throw
jeudi Thursday
jeune young
jeûner to fast; to abstain from
    food
le **joaillier** jeweler
joindre to join
    joindre les deux bouts to
      make ends meet
joli(e) pretty
la **joue** cheek
jouer to play
le **jour** day
le **journal** newspaper
journaliste *m. or f.* reporter
la **journée** day
juin June
la **jupe** skirt
jurer to swear; to take an oath
jusque till; until; up to
juste just, fair
    au juste exactly

là there
là-bas over there
lâche *m. or f.* coward
lâcher to abandon; to drop
    someone
laid(e) ugly
la **laideur** ugliness
laisser to let; to leave
    On le leur laissait They were
      letting them have it
le **lait** milk
la **lame** blade
la **lampe** lamp

la **lance** lance; spear
la **langue** language; tongue
la **largeur** width
laver to wash
la **leçon** lesson
la **lecture** reading
le **légume** vegetable
le **lendemain** next day
lentement slowly
le **léopard** leopard
lequel (laquelle) which
lever to raise
la **liberté** liberty; freedom
libre free
lier to link
le **lieu** place
   avoir lieu to take place
   au lieu de instead of
le **linge** linen
   linge sale dirty laundry
lire to read
le **lit** bed
le **livre** book
livrer to deliver
logique logical
la **loi** law
loin far
longtemps a long time
lors de during, at the time of
lorsque when
louer to rent
le **louis** gold coin worth twenty
   francs
lourd(e) heavy
lui-même himself
la **lumière** light
lundi Monday
la **Lune** Moon
les **lunettes** *f.* glasses
le **lustre** chandelier
la **lutte** struggle
lutter to fight; to struggle; to
   offer resistance
le **luxe** luxury
le **lycée** high school

le **magasin** store
maigre thin

la **main** hand
maintenant now
maintenir to maintain
le **maire** mayor
   maire du palais palace
   mayor
la **mairie** town hall
mais but
la **maison** house
le **maître** master
   maître des requêtes
   rapporteur (person who
   writes and delivers reports)
la **majorité** majority
mal badly
malade sick
la **maladie** disease
le **mâle** male
malgré in spite of
le **malheur** misfortune
malheureux(se) unhappy
la **malle** trunk
le **mandat** mandate, authorization
   to act as a representative of
   the people, presidential
   term
manger to eat
la **manifestation** demonstration
manquer to miss; to lack
la **mansarde** attic
le **manteau** coat
le **maquis** underground fighters
le **marbre** marble
le **marchand** merchant
la **marchande** merchant
marchander to bargain
le **Marché commun** Common
   Market
marcher to work; to walk
mardi Tuesday
le **maréchal** marshal
se **marier** to get married
le **marteau** hammer
masculin masculine
le **matin** morning
le **mécontentement** discontent;
   dissatisfaction
le **médicament** medicine
meilleur(e) better
mélanger to mix
même same; even

la **mémoire** memory

la **menace** threat

menacer to threaten

le **ménage** housekeeping

mener to lead

la **mer** sea

mer Égée Aegean Sea

merci thank you

mercredi Wednesday

la **mère** mother

belle-mère mother-in-law

la **messe** mass

la **mesure** measure; dimension; size

la **méthode** method

le **métro** subway

mettre to put

mettre le feu to set fire

mettre en fureur to enrage

mettre à l'index to blacklist

le **meuble** piece of furniture

midi noon

le **mien, la mienne** mine

mieux better

tant mieux so much the better

le **milieu** middle

le **militant** militant, activist

mille one thousand

le **milliard** billion

le **millier** thousand

misérable miserable

la **misère** misery

le **mitron** baker's apprentice

moi me

le **moine** monk

moins less

les moins de dix-huit ans those under eighteen

le **mois** month

la **moitié** half

le **monde** world; people

tout le monde everybody

mondial(e) worldwide

montagneux(se) mountainous

la **montée** rising, rise

monter to go up

montrer to show

se **moquer** to make fun of

moqueur(se) mocking; jeering

mordre to bite

la **mort** death

la **morue** codfish

le **mot** word

mot d'ordre watchword

mots croisés crossword puzzle

la **mouche** fly

le **mouchoir** handkerchief

mourir to die

le **moyen** means; way

le **Moyen Âge** Middle Ages

la **moyenne** average

le **mur** wall

mûr(e) ripe; mature

le **musée** museum

musulman(e) Muslim

la **naissance** birth

naître to be born

la **nappe** tablecloth

natal(e) native

ville natale birthplace

ne... pas not

nécessiteux(se) needy

la **neige** snow

neuf(ve) new

le **neveu** nephew

ni... ni neither . . . nor

la **noblesse** nobility

noctambule night traveling

noir(e) black

le **nom** name

le **nombre** number

nombreux(se) numerous

le **nord** north

noté(e) looked upon

bien noté(e) in good repute

nôtre ours

être des nôtres to be one of us

nourrir to feed

la **nourriture** food

nous we; us

nouveau (nouvelle) new

de nouveau again

nu(e) bare

le **nuage** cloud

la **nuance** nuance; variation

la **nuit** night

obéir to obey
obéissant(e) obedient
obtenir to obtain
l' **Occident** *m.* the West
occuper to occupy; to be busy
   s'occuper de to look after
odieux(se) odious, hateful
l' **œil** *m.* eye
l' **œuvre** *f.* work; production
offenser to offend
l' **office** *m.* pantry
l' **oiseau** *m.* bird
omettre to omit
on one; someone; we
onduler to wave
l' **ongle** *m.* fingernail
onze eleven
l' **opinion** *f.* opinion
l' **or** *m.* gold
l' **ordonnance** *f.* prescription
l' **ordure** *f.* garbage
l' **oreille** *f.* ear
l' **orgueil** *m.* pride; conceit
orgueilleux(se) proud;
   conceited
l' **Orient** *m.* the East
l' **orifice** *m.* opening
l' **origine** *f.* origin
oser to dare
l' **OTAN** NATO
ôter to remove; to take off
ou or
où where
oublier to forget
l' **ouest** *m.* west
ouvert(e) open
l' **ouverture** *f.* opening
l' **ouvrier** *m.* worker
ouvrir to open
   s'ouvrir to open itself

le **pain** bread
paisiblement peacefully
la **paix** peace
le **palais** palace

Palais-Royal Paris quarter
   where there are well-known
   jewelers
le **panier** basket
   dessus du panier cream of the
      crop
le **pantalon** trousers
le **pape** *m.* pope
la **paperasse** *f.* red tape;
   paperwork
le **papier** *m.* paper
par by
   par la suite afterwards
paraître to seem
le **parapluie** *m.* umbrella
parce que because
parcourir to travel over
pardonner to forgive
pareil(le) similar; alike
paresseux(se) lazy
parfois now and then; every so
   often
parfumé(e) perfumed
la **parité** parity, equality
parler to speak
parmi among
la **parole** word; promise
le **parquet** floor
partager to divide; to share
le **parti** party
la **partie** part
   partie de chasse hunting
      party
partir to leave
le **partisan** supporter
parvenir to reach, to attain
partout everywhere
la **parure** set of diamonds;
   necklace
le **pas** step
pas not
passer to pass
   se passer to happen
la **pâtisserie** *f.* pastry shop
la **patrie** country
le **patron** boss
la **patte** paw
pauvre poor
le **pays** country
le **paysan** peasant
la **pêche** peach

pêcher to fish
peigner to comb
la peine grief, sadness; trouble
  à peine hardly; barely
  la peine de mort death
    penalty
le peloton de ficelle ball of string
pendant during
la pensée thought
penser to think
perdre to lose
le père father
le périodique magazine
périr to perish
la perruque wig
peser to weigh
la peste plague
petit(e) small; little
le petit-fils grandson
le pétrole oil
peu little
  peu à peu little by little
le peuple people; nation; tribe
la peur fear
  avoir peur to fear
peut-être maybe
le pharmacien pharmacist
le phonographe record player
la phrase sentence
la physionomie face, features
le pied foot
  à pied on foot
les pierreries gems, precious
  stones
pieux(se) pious
piller to pillage
la pilule pill
pincer to pinch
le pion proctor; assistant
pire worse
le plafond ceiling
la plage beach
se plaindre to complain
plaire to please
  s'il vous plaît please
plaisanter to joke
  le plaisanter to poke fun
    at him
planter un clou to drive in a
  nail
le plat dish

plein(e) full
  plein air open air
  pleins pouvoirs full powers
pleurer to cry; to weep
pleuvoir to rain
  il pleut it's raining
le pli fold
la plume pen
la plupart most
le pluriel plural
plus more
  ne... plus no more
plusieurs several
plutôt rather
  plutôt que rather than
le pneu tire
la poche pocket
la poésie poetry
le poids weight
la poignée de main handshake
le point point
  à point just in time
pointu(e) pointed
le poisson fish
la poitrine chest
la politique political policy, strategy
la porte door
porter to carry
le portillon small gate
le portrait portrait
poser to put down
  se poser to land on something
le pot-au-feu stew
la poterie pottery
la poule hen; chicken
pour for
  pour cent percent
pourquoi why
pourri(e) rotten
pourtant however; nevertheless
pousser to grow; to push
  pousser un cri to scream
pouvoir to be able to
le pouvoir power
pratiquer to practice
le pré meadow
prêcher to preach
précis(e) precise
prédire to predict
préférer to prefer
premier(ère) first

prendre to take

près near

la **présidence** presidency, chairmanship

presque nearly; almost

prestement quickly

prêt(e) ready

prêter to lend

prêteur(se) lender

le **prêtre** priest

prier to pray

   je vous prie please

la **primeur** early fruit

la **prise** taking

le **prisonnier** prisoner

la **prisonnière** prisoner

le **prix** price; prize

prochain(e) next

produire to produce

les **produits agricoles** *m.* agricultural products

profiter to profit; to make the most

profond(e) deep

la **promenade** walk

se **promener** to walk

la **promesse de payer** promissory note

promettre to promise

prononcer to pronounce

propriétaire *m. or f.* property owner

se **protéger** to protect oneself

protester to protest

le **proviseur** headmaster

provisoire temporary

puis then

la **puissance** power

puissant(e) powerful

la **punition** punishment

le **pupitre** student's desk

le **quai** platform

quand when

quant à as to; with regard to

quarante forty

quatre four

quatrième fourth

que that

   Qu'est-ce que c'est? What's that?

quel(le) what

quelque some

quelquefois sometimes

qui who

quinze fifteen

quitter to leave

quoi what

   à quoi bon what's the use

la **raison** reason

   avoir raison to be right

rallier to rally

ramasser to pick up

ramener to bring back

le **rang** rank; row; line

rappeler to recall

le **rapport** report

rapporter to bring back

rapprocher to bring closer

le **rassemblement** association

rater to miss

raviver to revive

le **rayon** ray

recherché(e) much sought after

le **récit** narrative

recommencer to start again

la **récompense** reward

réconcilier to reconcile; to become friends again

la **reconnaissance** gratitude

reconnaissant(e) grateful

reconnaître to recognize

reconstruire to reconstruct

recréer to recreate

reculer to move back; to back away

redescendre to come down again

redevenir to become again

la **redingote** frock coat

redouter to dread

le **redressement** recovery

le **réfectoire** dining hall

refermer to reclose

réfléchir to reflect; to think matters over

refouler to drive back
le **regard** look; expression
regarder to look at
la **régence** regency
la **règle** rule, ruler
réglé(e) regulated
le **règlement** regulation
régner to reign; to rule
la **reine** queen
la **réintégration** rejoining
rejeter to reject
rejoindre to rejoin
remarquable remarkable
remarquer to remark
remercier to thank
remettre to give; to deliver;
to put off
remonter to go up again;
to go back up
remonter la rivière to go
upstream
remplir to fill
remporter to win, to achieve
la **renaissance** rebirth
rencontrer to meet
le **rendez-vous** date; appointment
rendre to render; to return
se rendre to surrender
rendre leurs devoirs to turn
in homework; to pay homage
le **renseignement** information
rentrer to go back
renverser to overturn, to upset
renvoyer to send away, to
dismiss
le **repas** meal
répéter to repeat
le **répit** respite
répliquer to reply
répondre to answer; to reply
se **reposer** to rest
repousser to repulse; to push
back
reprocher to reproach
réquisitionner to confiscate for
military use
résoudre to resolve
ressembler to resemble
se ressembler to look alike
ressortir to stand out
faire ressortir to bring out

le **reste** remainder; balance
du reste moreover
rester to stay
rétablir to reestablish
le **retard** delay
en retard late
retenir to hold back
se **retirer** to get out; to withdraw
le **retour** return
retourner to turn over
se retourner to turn over, to
turn around
la **retraite** retirement; pension
retrouver to find again
la **réunion** meeting
réussir to succeed
revenir to come back;
to return
revoir to see again
au revoir goodbye
révoquer to repeal; to cancel
le **rhinocéros** rhinoceros
le **rhume** cold
la **richesse** wealth
ridicule ridiculous
rien nothing
rien qu'à les voir by just
seeing them
rire to laugh
la **rivière** river
la **robe** dress
le **roi** king
le **roman** novel
rond(e) round
la **ronde** round (dance)
roucouler to coo
rouge red
rougir to blush
rouler to roll
roux(sse) reddish
le **royaume** kingdom
rude gruff
ruineux(se) ruinous
rusé(e) cunning

sacré(e) sacred
sacrer to crown
la **sainteté** holiness, saintliness

sale dirty; soiled
la salle room
le salon living room
saluer to say hello, to salute
le salut salvation, safety
le sang blood
sans without
   Sans blague! No kidding!
la santé health
satisfait(e) satisfied
la saucisse sausage
sauf except
sauter to jump
la sauterie informal dance
sauver to save
le savant scholar
la saveur flavor, taste
savoir to know
le savoir knowledge
scandaleux(se) scandalous
sec (sèche) dry
sécher to dry
le secours help
le seigneur feudal lord; lord
selon according to
la semaine week
semblable similar
sembler to seem; to appear
le sens sense
sentir to feel; to smell
sept seven
le serpent snake; serpent
serpenter to wind one's way
seulement only
si if
Si! Yes, I insist!
le siècle century
le siège seat
signifier to mean
la similarité similarity
singulier(ère) strange;
   peculiar
six six
le ski ski
   faire du ski to ski
la sœur sister
la soie silk
soi-même oneself
le soir evening
la soirée evening; party
soit! so be it!; very well!

le soldat soldier
le soleil sun
solennel(le) solemn
la somme sum
le sommeil sleep
somptueux(se) sumptuous,
   lavish
le son sound
songer to think; to dream;
   to consider
sonner to ring
la sorcière witch
sortir to go out
la sottise foolish act
le sou penny
soudain suddenly
souffler to catch one's breath
souffrant(e) ailing; indisposed;
   unwell
souhaiter to wish
soumettre to submit
le soupçon suspicion
souper to have supper
la soupière soup tureen
la souplesse suppleness;
   adaptability
sous under
soutenir to support
se souvenir de to remember
souvent often
subir to be subjected to,
   to undergo
succéder to succeed
le sud south
suffire to be enough
la Suisse Switzerland
suisse Swiss
suivant(e) following
suivre to follow
supprimer to suppress
sur on
sûr(e) sure
   bien sûr of course
le surlendemain day after
   tomorrow
surnommer to nickname
surprendre to surprise
surtout especially; above all
le surveillant supervisor
le syndicat association; labor
   union